防ぐ技術・治す技術
―紙資料保存マニュアル―

「防ぐ技術・治す技術―紙資料保存マニュアル―」
編集ワーキング・グループ編

日本図書館協会
2005

Basic manual for preservation of paper materials

防ぐ技術・治す技術 ： 紙資料保存マニュアル ／ 「防ぐ技術・治す技術－紙資料保存マニュアル」編集ワーキング・グループ編. － 東京 ： 日本図書館協会, 2005. － 123p ： 30cm. － ISBN978-4-8204-0441-5

t1. フセグ ギジュツ ナオス ギジュツ t2. カミ シリョウ ホゾン マニュアル a1. フセグ ギジュツ ナオス ギジュツ カミ シリョウ ホゾン マニュアル ヘンシュウ ワーキング グループ s1. 資料保存 ①014.6

はじめに
― すべての図書館と図書館で働く人のために ―

　日本図書館協会資料保存委員会が「資料保存の基礎技術ワーキンググループ」を発足させたのは 1990 年のことでした。参加者各自が傷んだ図書館資料を持ち寄って、「利用のための資料保存」という考え方を基に議論を深めました。自分の図書館において今この資料にどういった保存手当てが適切なのか、またそれはなぜなのか、さまざまなケースから資料保存の基礎技術の適用を学んでいきました。そして、「保管環境を整える」、「容器に入れる」、「段階的な保存手当てを行う」といったことが共有化され、発信されていきました。

　その後、1999 年からは研修会、2000 年からは全国図書館大会資料保存分科会でワークショップが開催され、参加者と資料保存委員会が資料保存の基礎技術の受信と発信を繰り返し、その普及に力を入れていったのです。

　基礎技術は保存修復家といった専門家ではなく、図書館で働く職員の誰もができるものです。このため、基礎技術の担い手がサービス現場で働く職員あるいはアルバイトやボランティアだけのものだと誤解されてしまった面もあります。しかし、資料保存の基礎技術とは図書館全体の資料保存計画があってこそ生かせるものです。図書館で働く全員が何らかの形で資料保存にかかわりがあり、それぞれの取り組みがあるわけです。

　本書は今まで資料保存委員会が積み上げてきた蓄積があったからこそ、今回マニュアルとして刊行することができました。本書をまとめるにあたり、長年にわたり資料保存にかかわってこられた方々に感謝するとともに、今後ますます図書館において、資料保存の基礎技術が普及することを願ってやみません。

2005年3月

日本図書館協会資料保存委員会
「防ぐ技術・治す技術－紙資料保存マニュアル」
編集ワーキング・グループ

この本を使う前に

　日本図書館協会資料保存委員会では発足以来、それまでの図書館に見られた「利用と保存は相反する概念である」という考え方に対して、「利用のための資料保存」を提唱してきました。すなわち、図書館の基本的使命は利用者が必要とする資料（情報）を現在そして未来にわたり提供していくことであり、それを保証するための考え方や手段、行動が資料保存であるという考え方です。合わせて具体的な保存対策の枠組みとして、従来の補修を中心とした「治す」方策に加え、「防ぐ」「点検する」「取り替える」「捨てる」という資料を守るための5つの方策を紹介してきました。

　本書は、この「利用のための資料保存」の考え方にもとづいた「防ぐ」と「治す」方策を中心に紹介したマニュアルです。「防ぐ」とは、個々の資料に対して劣化を遅らせるためにできる処置のことです。「治す」とは、「防ぐ」処置を十分に行った上でもなお、補修をしないと利用に耐えない資料や、そのままでは傷みが進行して利用ができなくなる資料に対する処置のことです。

　図書館資料には、図書や雑誌、新聞だけでなくレコード、カセットテープ、ビデオテープ、写真、マイクロフィルム、CD-ROMとさまざまな種類がありますが、ここでは、所蔵の大部分を占める紙を用いた資料を対象に記述しました。人手や予算が限られた中でも、実務の中に取り入れやすいように、できるだけ具体的かつ実行可能な方法を、実務の流れに沿った形で、提示するよう努めました。なかには、図書館員には実行が難しい方法も含まれていますが、これは、技術的選択肢を示すと同時に、専門家に助言を求める上で役立つ知識が得られるように配慮したためです。目安として各方法に、難易度に応じた★がつけてあります。なお、古文書や古典籍といった貴重資料に区分される資料への「治す」処置については、専門的な知識と技術、経験が要求されるため本書の内容だけでは不十分です。

　本書はあくまでも現時点における方法の一部を紹介したマニュアルに過ぎません。資料保存においてその方法は、科学と技術の発展に伴い、そして資料保存活動の進展に伴い、変化してきています。また当然のことですが、本書で紹介された方法だけが絶対というわけではありません。そのまま適用するのではなく、紹介されている方法に対して、「なぜこの方法が選択されるのか？」「なぜこの素材が選択されるのか？」ということを疑問に持ち、その理由を考えながら本書を使用することが大切です。「なぜ」の理由を深く考えることにより、内容を発展させ、それぞれの機関にあった適切な資料保存の実行が可能になると思います。ぜひ、余白を活用し、補足や疑問点を追加して独自のマニュアルを完成させてください。

　傷んだ資料を手にして悩んでいる図書館員が、この本の中に少しでも解決の糸口を見つけられることを願います。

目 次

はじめに－すべての図書館と図書館で働く人のために　*iii*
この本を使う前に　*iv*

第1章　基礎知識 …………………………………………………………… *1*

1.1　利用のための資料保存　*1*
　1.1.1　図書館における資料保存とは　*1*
　1.1.2　どう取り組むか　*1*
　1.1.3　5つの方策　*2*
　　(1)　防ぐ　*2*
　　(2)　点検する　*3*
　　(3)　取り替える　*4*
　　(4)　治す　*4*
　　(5)　捨てる　*4*
　1.1.4　それぞれの図書館における資料保存　*5*
1.2　防ぐ、治すための基礎知識　*5*
　1.2.1　紙資料と劣化　*5*
　　(1)　紙資料とは　*5*
　　(2)　劣化とその原因　*8*
　1.2.2　防ぐ、治すための材料　*9*
　　(1)　保護用紙　*9*
　　(2)　和紙　*11*
　　　(ア)　種類　*11*
　　　(イ)　紙の目と表裏　*12*
　　(3)　糊　*12*
　　　(ア)　生麩糊（しょうふのり）　*12*
　　　(イ)　PVAc　*13*
　　　(ウ)　混合糊　*13*
　　　(エ)　その他　*13*
　1.2.3　素材確認の方法　*14*
　　(1)　スポットテスト　*14*
　　(2)　pHの測定　*15*

第 2 章　防ぐ技術 …………………………………………………………………… 16

2.1　取り扱い（ハンドリング）　16
 2.1.1　排架・書架整頓　16
  (1)　余裕を持った排架　16
  (2)　ブックエンドの使用　17
  (3)　大型資料の平置き　17
  (4)　中性紙ボードの利用　17
 2.1.2　出納　17
  (1)　運搬時　17
  (2)　カウンターで　17
 2.1.3　閲覧　18
  (1)　資料を閲覧する前に　18
   (ア)　手洗いの励行　18
   (イ)　飲食、喫煙　18
  (2)　閲覧時　18
   (ア)　書架からの取り出し　18
   (イ)　メモ取り　18
   (ウ)　付箋紙、しおり　18
   (エ)　切取り、落書き　18
 2.1.4　複写　19
  (1)　上向き複写機　19
  (2)　複写制限　19
 2.1.5　貸出・返却　19
  (1)　返却ポスト　19
  (2)　返却時の点検　20
  (3)　雨天時の注意　20
2.2　装備　20
 2.2.1　管理上の必要から　20
  (1)　蔵書印　20
  (2)　ラベル・シール類　20
 2.2.2　利便性を考慮して　21
  (1)　フィルムカバー　21
  (2)　付属資料　21
   (ア)　正誤表　21
   (イ)　地図・図表　21

㈱　その他の注意点　23
　2.2.3　予防的観点から　23
　　⑴　開き癖　23
　　⑵　不要物の除去　23
2.3　製本　24
　2.3.1　防ぐ製本　25
　　⑴　事前製本　25
　　　㈱　パンフレット製本　25
　　　㈳　綴じ直し　25
　　　㈱　平綴じ　25
　　　㈱　上製本　25
　　⑵　合冊製本　26
　　2.3.2　治す製本（修理製本）　27
2.4　保存容器　27
　2.4.1　容器に入れる　27
　　⑴　効果と材料　28
　　⑵　種類と作製方法　28
　　　㈱　カイル・ラッパー　28
　　　㈳　ポケットフォルダー　30
　　　㈱　パンフレット製本　31
　　　㈱　ブックカバー　33
　　　㈱　ブック・シュー　33
　　　㈱　その他　35
　　⑶　写真　37
　2.4.2　ポリエステルフィルム封入法（フィルム・エンキャプシュレーション）　38
　　⑴　四方型シーリング　38
　　⑵　２穴フォルダー　40
　　⑶　長い資料の保管　41
2.5　点検時　41
　2.5.1　汚れの除去　41
　　⑴　道具の種類　42
　　⑵　汚れの除去方法　43
　　　㈱　天小口　43
　　　㈳　ノド部　44
　　　㈱　一枚物　45
　　　㈱　図書の装丁　46

(オ) 裂けた部分　46
　　　(カ) シミ　47
　2.5.2　カビ害・虫害　47
　　(1)　カビ害　47
　　　(ア) 書庫内でカビ害が広がった場合　47
　　　(イ) 少量の資料にカビ害が見られる場合　47
　　(2)　虫害　48
　　　(ア) 防ぐ対策　48
　　　(イ) 虫害が発生した場合の対策　48
　2.5.3　水濡れへの対処　48
　　(1)　資料が部分的に濡れてしまった場合　49
　　(2)　水害などで多くの資料が同時に浸水した場合　49
2.6　脱酸性化処置　50
　2.6.1　種類　50
　2.6.2　少量脱酸性化処置　50
　　(1)　水性脱酸性化処置溶液の作り方　51
　　(2)　使用方法　51
2.7　展示　52
　2.7.1　展示の準備　52
　　(1)　資料の選択と点検　52
　　(2)　展示期間　52
　　(3)　環境整備　52
　　　(ア) 温度・湿度　52
　　　(イ) 光　53
　　　(ウ) 展示ケース　54
　　　(エ) セキュリティ　54
　2.7.2　展示の注意点　54
　　(1)　図書・版本　54
　　(2)　巻子本・掛軸　55
　2.7.3　展示後の作業　55
　2.7.4　展示資料の借用・貸出　56
　　(1)　借用・貸出の注意　56
　　(2)　記録化　56

第3章　治す技術　　57

3.1　金属の留め具や針金綴じなどの除去　57
　　(1)　ステープルや針金で冊子を綴じてある場合　57
　　(2)　ステープル、虫ピンなどで資料を止めてある場合　58
　　(3)　クリップで資料を止めてある場合　58
3.2　セロファンテープや補修テープなどの除去　58
　　(1)　セロファンテープの除去　58
　　(2)　補修テープの除去　58
　　　(ｱ)　水・湯で剥がす　59
　　　(ｲ)　エタノールで剥がす　59
　　　(ｳ)　低温アイロンで剥がす　59
3.3　フラットニング　59
　　(1)　噴霧器を使用する方法　60
　　(2)　容器を使用する方法　60
3.4　ページの補修　61
3.5　ページの抜け落ちの補修　64
3.6　ノド部の補修　66
3.7　背の取れた資料の補修　67
3.8　表紙の外れた資料の補修　72
3.9　無線綴じの資料の補修　75
3.10　革装本　78
　3.10.1　革の種類と特徴　78
　3.10.2　保管と手当て　79
　　(1)　汚れの除去　79
　　(2)　保革油の塗布　79
　　(3)　レッド・ロットの処置　80

第4章　和装本の取り扱いと補修　　82

4.1　取り扱い　82
　4.1.1　一般的な注意　82
　　(1)　装備　82
　　(2)　排架　82
　　(3)　閲覧　82
　4.1.2　巻子本（かんすぼん）と掛軸（かけじく）の取り扱い　83

(1) 巻子本　*84*
　　　(ア) 展開の仕方　*84*
　　　(イ) 巻き戻し方　*84*
　　　(ウ) 巻緒の掛け方　*84*
　　(2) 掛軸　*85*
　　　(ア) 掛け方　*85*
　　　(イ) 外し方　*86*
　　　(ウ) 巻緒の掛け方　*86*
4.2　補修　*89*
　4.2.1　全般　*89*
　　(1) 皺伸ばし　*89*
　　(2) 継ぎ直し　*89*
　　(3) 糊差し　*90*
　4.2.2　袋綴（ふくろとじ）　*90*
　　(1) 中綴（なかとじ）の補修　*90*
　　(2) 綴じ直し（四つ目綴）　*92*

第5章　付録　*94*

5.1　材料と道具　*94*
5.2　参考資料　*98*
　　(1) 保存の方策を決定・選択するための一覧表　*98*
　　(2) 製本仕様書（例）　*99*
　　(3) 展示環境記録（例）　*100*
　　(4) 資料検証記録（例）　*101*
5.3　資料保存Q＆A　*102*
5.4　参考文献　*109*
5.5　専門・関連機関　*112*

　索引　*117*

第1章　基礎知識

1.1　利用のための資料保存

1.1.1　図書館における資料保存とは

　図書館における資料保存とは、「利用のための資料保存」である。つまり、図書館が図書館であるためには、利用者が必要とする資料（情報）を現在そして未来にわたり提供していくことが不可欠であり、それを保証するための考え方や手段、行動が資料保存である。

　利用の多い資料ほど損傷が著しいため、従来、多くの図書館では、利用と保存は相反する概念であると考えられてきた。だが、資料が利用できるためには保存されている必要がある。利用できない状態の資料は、図書館にあっても図書館資料としての役割を果たせない。つまり、利用を保証するために保存をするのである。

1.1.2　どう取り組むか

　言うまでもないが、すべての図書館の蔵書を、元のままの形ですべて保存することは不可能である。そこで、何らかの保存方針に基づいて、組織的かつ計画的に取り組むことが大切となる。

　方針の策定にあたっては、現状と問題点を把握するだけでなく、それぞれの図書館の設置目的や運営方針、収集方針に基づく必要がある。人手や予算、問題の規模も考慮に入れる。図書館運営全体の中に位置づけられた資料保存方針として明確化することが重要である。また、一冊一冊の資料への対処ではなく、蔵書全体の保存を考えるという視点が大切である。

　続いて保存方針に基づいて、具体的方策を選択し組み合わせて計画を策定する。具体的方策の選択にあたっては、専門家の助言が必要な場合もあるだろう。課題は多様で広範囲に及ぶので、短期間の内にすべてを解決することは無理である。継続性や効果を考えて、できることや緊急度の高いものから優先的に取り組むことが大切である。

　実行後は、必ず評価を行う。そして評価に沿って必要な軌道修正を行い、再度計画を策定し実行する。小さな取り組みでも、継続性と発展性を持たせることが重要である。

1.1.3　5つの方策

　従来の図書館においては、保管以外の保存の方策といえば、傷んだ資料を「治す」ことだと思われてきた。しかし、「利用のための資料保存」の考え方においては、保存のための方策をより幅広く捉えることができる。

　ここでは、「治す」に加えて、「防ぐ」「点検する」「取り替える」「捨てる」という5つの方策を簡単に紹介する。

(1)　防ぐ

　資料が劣化、損傷しないように、あらかじめできるだけ劣化原因を遠ざけることが、資料保存の基本である。

　さまざまな処置が考えられるが、ここでは災害対策と環境管理について簡単に述べる。「防ぐ」処置としては、この他に、資料の取り扱い方、事前製本、保存容器への収納、脱酸性化処置、展示での配慮などがあげられる。それらについては第2章で述べる。

【災害対策】

　地震や台風、豪雨などの自然災害や火災や水漏れ、盗難といった人的災害の被害を未然に防ぐ、または最小限にとどめるためには、備えが重要である。

　図書館における災害対策の目的は、①人命の安全、②蔵書の保全、③図書館機能の維持に分けられる。最優先事項は人命の安全であり、これに対しては、一般に消防法等に基づく消防計画や防災計画が存在する。同じように資料についても災害に備える必要がある。

　資料に対する災害対策は、①災害への備えと、②災害からの復旧とに分けられる。対策の具体化にあたっては現状の認識が重要である。危険要因の洗い出し、被害の想定、現在とられている対策の点検などから始めるとよいだろう。備えと復旧計画は成文化し、日頃からこれらに基づいて教育や訓練を行い、経験を積むことが重要である。また、大規模被災時は、他の図書館や文書館、博物館といった関係機関や団体の支援も必要となる。相互支援関係の確立が望まれる。

【環境管理】

　資料を取り巻く環境を適切に管理することで、化学的、物理的、生物学的反応による劣化を予防できる。例えば高温・多湿な状態は、資料の劣化促進やカビの発生を招き、直射日光は退色や変色を招く。埃や塵は、資料の汚れを招き、カビや虫の発生あるいは化学変化により有害な物質を発生させる原因となる。

　環境の改善には、資料の劣化状態の調査や保管環境の測定が欠かせないが、手始めとして、以下にあげる点から見直してみる。

・定期的かつ継続的に清掃を実施する。人的監視が入ることで劣化とその要因の早期発見にも役立つ。
・空気の循環を十分に心がける。
・冷暖房空調システムの吹き出し口は、結露によるカビの発生や風力による資料の劣化の危険があるので注意する。
・冷暖房空調システムの故障は深刻な問題を招くので、定期的に整備・点検する。
・必要な場合は、除湿器や加湿器を用いて湿度を調整する。
・建物の壁面は、内側と外側の温度差により結露が起きやすいので、書架を配置しないほうがよい。また、書架には転倒防止対策を施す。
・一般的に紙資料の場合、利用と保管を考慮すると、温度18～22℃、相対湿度45～55％程度が適当と言われている。資料の劣化を促進させるので、急激な温度・湿度の変化は避ける。
・こまめに電気を消すなど、書庫や書架はできるだけ暗所に保つ。
・外光が入る場合は、カーテンやブラインドを設ける。窓や蛍光灯にはそれぞれ、紫外線防止フィルムやフィルターを取り付ける。あるいは紫外線防止型蛍光灯を使用する。
・資料を容器に入れることによって、環境変動による資料への影響を緩和する。また、物理的損傷から資料を守る。

(2) 点検する

　有効な改善策を選択するには、資料を取り巻く環境や資料の状態を点検して状況を把握することが大切である。定期的に点検を行うことで、資料の劣化や損傷を早期に発見することができる。また、現在の方策の不備が把握でき、必要な予算要求に対する実際的な裏付けにもなる。

　空気が澱みやすい場所や虫が入り込む可能性のある場所、埃がたまりやすい場所などを含めて資料の保管場所全体の環境を点検する。温度・湿度の管理や水害につながる配水管の位置の点検、冷暖房空調システムの整備・点検なども実施する。

　資料の状態を点検するには、資料が通常の利用に耐えられるかどうか、耐えられないような傷みがあれば、どのような処置を施すかを判断する。合わせて職員や利用者の資料の取り扱い方も確認する。

　点検を行事と捉えずに、例えば、排架・書架整頓時や貸出・返却時に行うなどの日常業務の中に取り入れて実施するとよい。また、日頃から職員の間でも、保管環境や資料の状態、利用時の状況などの問題点を話し合い、劣化やその要因の早期発見と改善に努める。

(3) 取り替える

　予算的条件があれば、資料を買い替えたり、代替物を作製する「取り替える」方策も有効な手段である。まだ購入できるものは買い替えるほうが経済的なこともある。

　劣化が進んだ資料や近い将来の劣化が予想される酸性紙を使用した資料、利用頻度の高い資料、貴重資料、特定のコレクションなどは、複製物やマイクロ化、デジタル化により代替物を作製して、利用を促進したり、利用のために代替物を提供することで、原資料の利用を最小限にすることができる。また、資料そのものを保存する必要がない場合は、代替物を作製すれば原資料を「捨てる」ことによって、保管スペースを確保することもできる。

　ただし、マイクロ資料やデジタル資料の取り扱いや保管方法には、紙資料と異なる注意が必要である。

(4) 治す

　「防ぐ」処置を十分に行った上でもなお、補修をしないと利用に耐えない資料や、そのままでは傷みが進行して利用ができなくなる資料に対する処置である。

　「治す」処置には、図書館員が行うことができる簡単なものと、専門家に任せるものがある。どちらにせよ、図書館員が主体となって、資料の劣化状態や価値（内容・形態）、利用状況、その資料を残す必要性を十分に把握し、検討した上で、なぜ今「治す」必要があるのか、どのような状態に「治す」と利用に耐えるのかを明確にして、処置を選択することが重要である。見栄えではなく、利用上必要な機能の回復を優先する。

　なお、IFLA（国際図書館連盟）の「図書館における保護と修復の原則」（1979）によると、「治す」処置についての留意点は以下のようにまとめられる。
・原形を尊重すること
・使用する材料は安全であること
・処置が可逆的であること
・資料の現状および処置の経過を記録すること

(5) 捨てる

　「捨てる」ことも保存の方策のひとつである。各館の保存方針に照らして、劣化の程度や利用頻度、保管スペースなどの問題から除籍・廃棄を行うことは「利用のための資料保存」の中ではひとつの選択肢である。

　しかるべき廃棄・除籍基準に基づいて実施することは当然であるが、一度捨てた資料は、二度と利用できない可能性が高いので、必ずどこかで利用できる

ことを確認しておく。

　分担保存や共同保存のための保存図書館および相互貸借システムといった、複数の館がお互いに責任を分担しながら、資料の利用を保証するためのシステムを検討し、協力関係を築いていくことが今後ますます重要になるだろう。

1.1.4　それぞれの図書館における資料保存

　図書館にはそれぞれの設置目的や運営方針があり、保存方針も異なり、資料の劣化状態や価値、利用状況、人員や予算規模も違う。各図書館の状況や資料に応じて、適切な方策を選定し、または組み合わせて、有効な保存計画を策定し取り組むことが大切である（p.98「保存の方策を決定・選択するための一覧表」）。

　資料保存においてその具体的方法は、科学と技術の発展に伴い、そして資料保存活動の進展に伴い、変化してきている。研修会や論文、図書などを通して学習することはもちろんのこと、必要に応じて専門家に助言を求めることも重要である。

　本書では実務に沿った形で「防ぐ」方策と「治す」方策を具体的に紹介していく。その方法をすべてそのまま自館に適用するのではなく、適用すべきかどうかをよく考えて、それぞれの機関にあった適切な方法を選択してほしい。

1.2　防ぐ、治すための基礎知識

1.2.1　紙資料と劣化

　図書館が所蔵している資料は、さまざまな種類の媒体の上にさまざまな材料や方法で情報が記録されたものである。媒体になっているのは主に紙である。ここでは紙資料について、その構造や劣化原因などの基礎知識を紹介する（以下本書では、「資料」とは、原則として「紙資料」を指す）。

(1)　紙資料とは

　図書館が所蔵している資料の多くは紙資料であるが、その紙の原料や製造方法はさまざまである。また、記録方法も、手書きであったり、印刷されたものであったり、材料も、インク、墨、顔料などとさまざまである。装丁材料も紙のほか、布、革、金属などと多様である。

　紙資料の構造には大きく分けて二つある。広げると1枚の平らな形になるような地図、図面、ポスターなどの一枚物、そして、製本された立体的な構造の図書や雑誌などである。

製本された資料には大きく分けて和装本と洋装本がある。洋装本は明治期に海外からその製本方法が輸入されたことから、日本で行われた製本には、和洋折衷のものがたくさんある。このような不安定な製本や、大量生産に合わせた無線綴じのような簡易な製本は、多くの人に利用される図書館では特に損傷しやすい。

　また、素材や紙の目などによっても、本の開き具合や強度に差が出てくる。取り扱いと補修や再製本を適切に行うには、資料の構造を理解することが大切である。

【洋装本の各部名称】

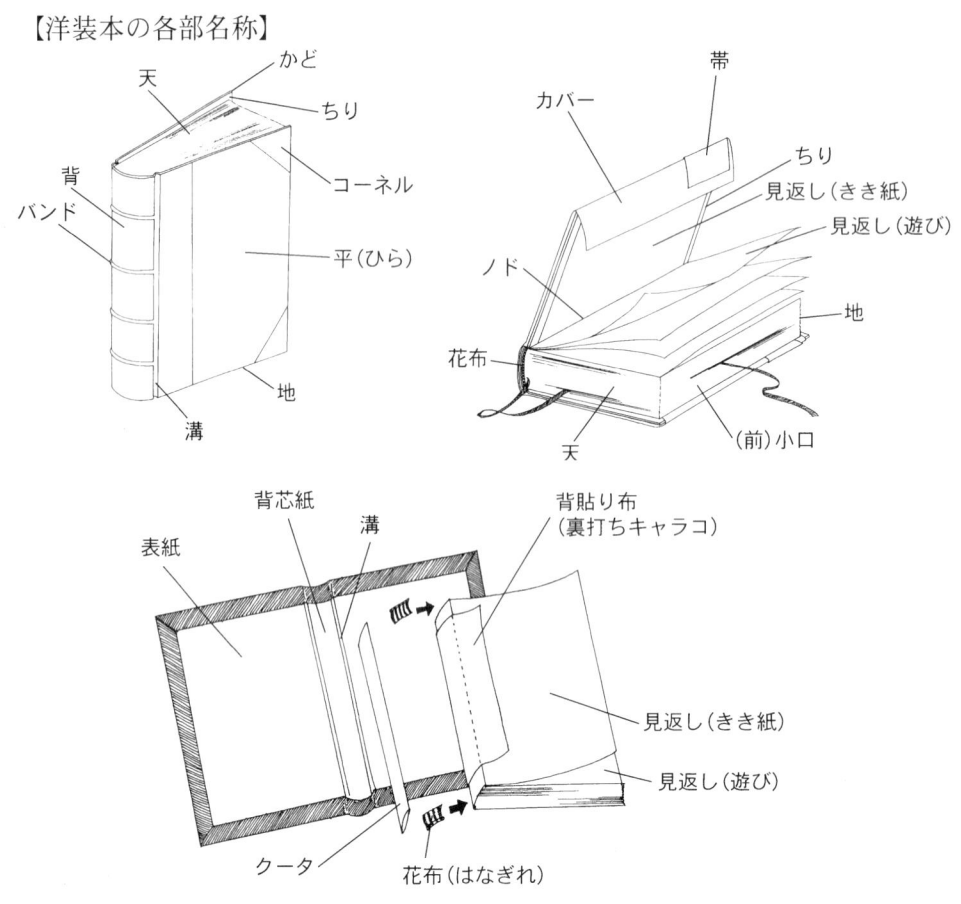

【和装本（四つ目綴）の各部名称】

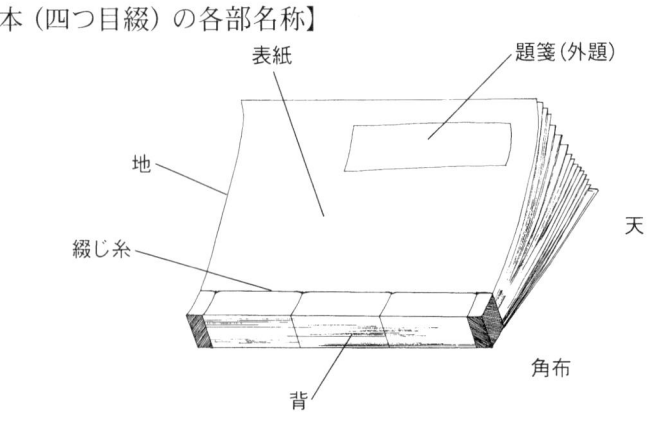

【紙の目】

　製紙工程でできる紙繊維の並ぶ方向を「紙の目」と呼ぶ。通常、本は紙の目が天地方向（タテ目）になるように作られていて、紙の目に沿ってページをめくるため開きやすく読みやすい本になる。逆に紙の目が横方向（ヨコ目）の紙を使うと開きにくく、壊れやすい本になる。特に無線綴じでヨコ目の本は、複写のためなどで無理に開くと壊れやすい。

　また、補修に使う場合は原則として、補修する資料の紙の目と合わせるか、タテ目で使用する。タテ目の紙は切りやすく、折りやすい。また糊や水を塗った時に伸びが少ない。逆にヨコ目の紙は、切りにくく、折りにくい。水分を含むと伸びが大きく、資料と補修用紙に齟齬ができて、引きつれを起こすので注意が必要である。

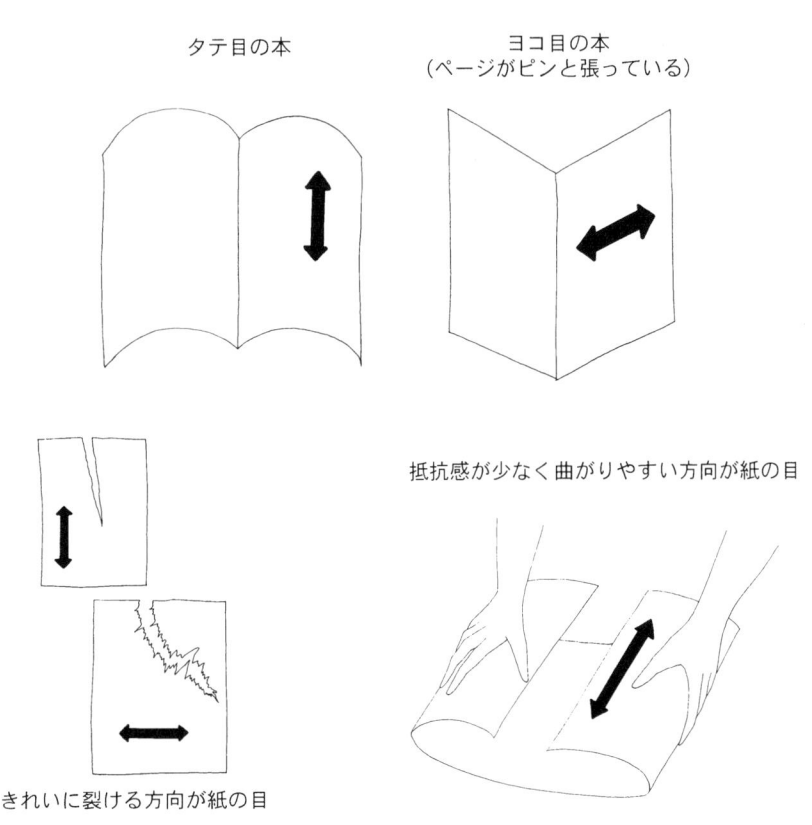

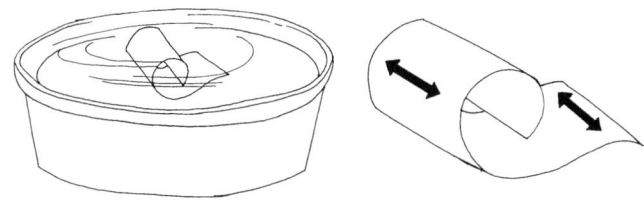

(2) 劣化とその原因

紙資料は、物理的なモノである以上、劣化は避けられない。図書館における資料の劣化には、素材、製本方法、構造などの資料自体が持っている内的要因と、保管環境、取り扱い、災害などの資料を取り巻く外的要因がある。

アメリカ議会図書館の Preservation Study Model from "Planning a Preservation Program" (1986) をもとに、資料の劣化原因と対策をまとめたものが下記の表である。

【資料の劣化原因とその対策】

【酸性紙の劣化】

酸性紙とは、1850年代以降に、製紙の工程で、にじみ止めの定着剤として硫酸アルミニウムを使用した紙を指す。

これらの紙の原料は、木材チップなど製材後の端材や他の用途で使用できない木材を細かく砕いたもので、その中には木材繊維を結びつける役割のリグニンという物質が多く含まれている。このリグニンは紫外線により化学変化を引き起こして、紙を茶褐色に変色させる。

また、セルロース繊維を取り出し、製紙工程で、インクのにじみ止めのためにロジン（松ヤニ）を加える（これをロジンサイジングという）。ロジンを紙に定着させるために添加された硫酸アルミニウムが、紙の中で加水分解して硫酸を生じ、紙を酸性にする。この硫酸が紙の繊維であるセルロースを傷め、劣化させることになる。

また、酸性紙はそれ自体が劣化するだけでなく、酸の移行（マイグレーショ

ン）といって、酸性紙の酸（酸性の筆記材料、糊などの酸についても同様である）が隣接している資料に移行しやすい。もともと中性である和紙を酸性紙で包んだり、酸性紙のメモなどを資料に挟み込んでおくと酸が移行し、紙が酸性化するとともに、変色することがある。

　pH（水素イオン濃度）は7.0を中性としているが、酸性紙は、この中性域を大きく下回っていることがほとんどである。現在では、製紙段階で、リグニンを取り除いたり、サイジングの方法を変えたり、紙をアルカリ域に傾けるといった化学的な処置により、中性紙と呼ばれる紙が作られるようになってきた。

　紙の劣化を遅らせる方法として、一般には中性紙で作成した保存容器に資料を収納する方法があるが、酸性紙については、酸を中和し、アルカリ緩衝剤（アルカリバッファー）を紙繊維の間に残す脱酸性化処置もある（p.50）。

1.2.2　防ぐ、治すための材料

　保護や補修に使用する材料は、化学的に安定したものでないと、使用した材料が劣化するばかりではなく、資料の変質や損傷につながる。また、再補修ができなくなったりもする。ここでは、それらの材料の中でも特に重要である紙と糊について、その性質や使い方について説明する。もちろん、短期保存の資料や用途によっては、それほど材料を吟味する必要のない場合もあるが、化学的に安定した材料を使うことを習慣づけたい。

　なお、紙と糊以外の材料については第5章の材料と道具一覧（p.94）を参照してほしい。

(1)　保護用紙

　保存容器、間紙、ブックカバー、マットボード、梱包など、資料の保管・保護や補修にはいわゆる中性紙を使用する。

　最近では中性紙という言葉が一般的になってきているが、中性紙は大きく分けて、①純度の低い化学パルプなど、酸性物質を含んだ原料を使用しているもの、②純粋な化学パルプを原料に使用しているものがある。いずれもアルカリ緩衝剤を残留させて中性（正確には弱アルカリ）にしている。

　中性紙は、添加されたアルカリ緩衝剤が、汚染ガスなどからの酸性物質を中和してくれるが、それでも徐々に酸性域に傾く。①はもともと紙内部に酸性化する要素を持っているため、比較的短期間で酸性紙になっていくが、②は長期間中性域を維持することができる。

　したがって、保護や補修には②の中性紙を使用する。この中性紙を保護用紙とも呼んでいる（以下本書では、原則として「中性紙」は②を指す。また、そのうち比較的厚くて強度のあるものを「ボード」と呼ぶ）。

アルカリ緩衝剤の量によって、pH が 7.5 〜 10.0 程度の用紙をアルカリバッファー紙、7.0 前後をノンバッファー紙と通称している。

さらに、保存容器内や集密書架内などの一定空間での調湿、汚染ガス吸着に優れた機能を持たせた中性紙もある。

【汚染ガス】

資料の劣化に伴い発生する酸性ガス、大気汚染ガス、保管場所の建材などから発生するホルムアルデヒドなどをいい、これらは、資料の劣化を促進する原因のひとつとなっている。

【保護用紙】

種類※	特徴と使用例
SIL ティッシュ (pH7.5)	薄く、柔らかで、強度がある薄葉紙。立体的な和装本や貴重資料などの包装材料として使用する。
IL ティッシュ (pH7.5)	SIL ティッシュより厚手であるが、薄く、柔らかな紙。版画や水彩画など一枚物の資料表面の保護として使用する。
AF プロテクト (pH9.5)	額縁の裏板の内側に、合板などから発生する強い酸性物質に対するバリアとして使用する。
AF プロテクト H (pH8.5)	封筒やフォルダー用などとして、AF プロテクトより堅く丈夫な用紙。 [本書内での使用] ブックカバーの作製、本の見返し紙、クータなど
アーカイバルボード (pH8.5)	保存容器や額縁の裏板用として使用するコルゲートボード。軽くて強度があり、ニュートラルグレーの色をしている。
AF ハードボード (pH8.5)	折り曲げ強度や表面強度があり、ニュートラルグレーの色をしている。保存容器、帙、畳紙などに使用する。 [本書内での使用] カイル・ラッパー、ポケットフォルダーなど
ピュアマット (pH7.5)	表面の質感や削刀性が良いボード紙。色合いも数種あり、汚染ガスを吸着する機能がある。版画や水彩画などの保護のためマットボードとして使用する。
ピュアガード (pH7.0)	ピュアマットよりも薄い紙。3 種類の厚みがあり、汚染ガスを吸着する機能がある。酸性台紙に貼付された写真資料など、アルカリに対して敏感な資料や作品を保護するために間紙、包装材料として使用する。
SHC ペーパー NEWSHC（ボード）(pH7.0)	保存資料周辺の湿度を一定に保つ調湿紙。湿度の変化による保存資料の劣化防止に効果がある。保存容器の内蓋や書架の天板へ組み込んで使用する。

※特種製紙株式会社「資料保存のための保護用紙」

(2) 和紙

　和紙とは、楮、三椏、雁皮などの靭皮繊維を原料とした紙である。

　和紙はにじみ止めなどの加工をしないかぎり中性域で、酸性紙のような劣化は起きない。補修材料としても、①化学的に安定していて長期の保存に適している、②しなやかで丈夫である、③使い勝手がよい、④繊維が長いために接着した時になじみやすいなどの特徴がある。また紙を貼るとその分だけ厚くなってしまうが、和紙の場合、叩いたり、圧力を加えたりすることによって繊維が潰れて厚さが目立たなくなる。補修には、前項の中性紙も使うが、一般には和紙を使うことが多い。

(ア) 種類

　原料によって特性があるため、風合いや強度を比較するとよいが、補修に使うのは、楮を原料とした楮紙（ちょし）が多い。繊維が最も長いため、何にでもよくなじむ。楮100％の楮紙を求める。

　いずれにせよ、紙が漉かれる際に不純物がよく取り除かれ、化学的処置が少ない紙を選びたい。補修用に、製造方法や品質を明らかにしている紙販売店もある。

　用途に応じて使えるように、以下にあげた4種類程度の厚さの和紙を用意しておくとよい。

【補修用の和紙】

楮紙の厚さの種類	厚さの目安	補修使用箇所
極薄・典具帖（てんぐじょう）	5g/㎡程度	和紙繊維が網目状になった密度が低い和紙。大変薄いので、文字がある部分の補修をする場合や、ペーパーバックの背タイトルの剥がれを抑える場合などに使用すると目立たない。ただし、取り扱いは難しい。
薄・2匁	10g/㎡程度	文字はまだ透けて見える。ページの補修に使用する。
中厚・4匁	20g/㎡程度	欠損部分の補修やページに足を付ける場合に使用する。
厚・6匁	30g/㎡程度	表紙などの厚い部分の欠損の補修や表紙の仕立てに使用する。もっと厚いものが必要なときは、何枚か貼り合わせてもよい。

(イ)　紙の目と表裏

　和紙の紙の目は、手漉きの場合、スノコに使った糸のあとが透けて見える。一般にはその方向がタテ目である。機械漉きの場合は普通ロールになっているが、その巻き方向がタテ目になる。補修に使う場合は原則として、補修する資料の紙の目と合わせるか、タテ目で使用するが、強度や張りを持たせたい場合は逆目（ヨコ目）に使用することもある。

　また、一般に光沢のあるつるつるした方を表として使用する。

(3)　糊

　補修で使う糊は、一般には生麩糊（でんぷん糊の一種）とPVAc（ポリビニルアセテート、化学糊の一種でいわゆる白ボンド）が多い。

(ア)　生麩糊（しょうふのり）

　生麩糊は小麦のでんぷんを煮て作る糊である。中性で化学的に安定しているので、資料に悪影響を与えない。また乾いても水溶性なので、水を使えば剥がして元通りにすることもできる。すなわち補修材料としての重要な特性である「可逆的」な材料である。

　したがって、生麩糊だけで補修することが望ましいが、重量があり堅牢な洋装本については、接着力が強くない生麩糊だけで、すべての補修を行うことは現実には困難である。ただし、貴重資料や長期保存が目的の資料の本文部分には、化学糊ではなく、必ず生麩糊を使用する。また、和装本については、化学糊は使用しないし、構造的に使用する必要もない。すべて生麩糊を使用する。

　生麩糊はそのまま使うことはほとんどなく、一般には水で薄めて使用する。濃いと接着力は強いが、その部分が硬く厚くなるので、周りに悪影響を及ぼしやすい。薄ければ薄いほど柔軟性が保たれ仕上りもよいが、剥がれやすくなる。

　糊の濃さは、一定量の水の中に、糊の粒がどれくらい拡散されているかで決まる。接着力は、水分がなくなったときに、接着したい面と面の間に散らばっている粒状の糊の密度によって決まる。したがって、糊を薄める際には、均一に細かな糊の粒が水の中に拡散されるように、よく練って溶かすことがポイントになる。薄い糊でも何回か刷毛や筆で均一に糊を塗れば、接着したい面には糊の粒が均一に散らばり、かなりの接着力が期待できる。

　使用する糊の濃さの加減は、貼り合わせる素材、厚さ、重さ、水分の浸透性、本紙や記録材料ににじみやシミができないかどうかなどで異なってくる。糊の濃さの加減は千差万別であるから一概にはいえないが、およその目安を以下に載せておく。

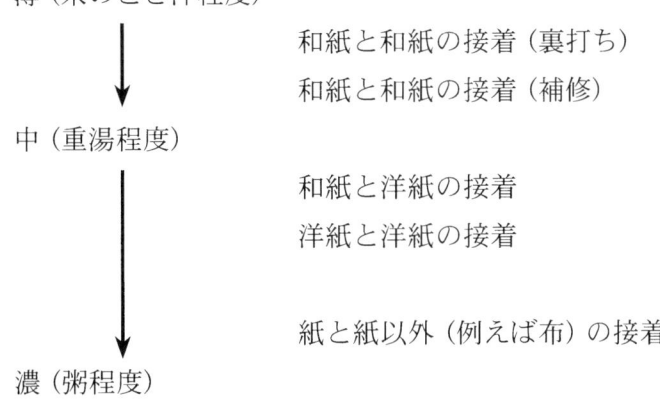

【生麩糊の濃さと用途】
薄（米のとぎ汁程度）
↓
　和紙と和紙の接着（裏打ち）
　和紙と和紙の接着（補修）

中（重湯程度）
　和紙と洋紙の接着
　洋紙と洋紙の接着

　紙と紙以外（例えば布）の接着
濃（粥程度）

(イ)　PVAc

　PVAcは高い接着力を持ち、速乾性があるが、接着部分は硬くなり、乾くと非水溶性となって容易には剥がせない。したがって高い接着力が要求され、原則として本文に触れない部分で使用する。例えば背固め、表紙と中身を合体する「くるみ」、表紙ボードへのクロス貼りなどである。

　また、PVAcは酸性であるため、資料を劣化させるおそれがあるので、酸性から中性にする「pH調整」を行ってから使用するとよい。pH調整は、100cc程度のPVAcに耳かき一杯程度の炭酸カルシウムの粉末をよく混ぜるか、脱酸性化処置溶液（p.51）でPVAcを薄めることで行える。

　資料によっては、その価値や利用頻度などを総合的に判断して、PVAcでの補修はしないという選択肢もありうる。

(ウ)　混合糊

　PVAcを使用する場合、そのままではなく、生麩糊と混ぜて水で薄めた混合糊で使うとよい。必要な接着力に応じて混合比率や水の量を変え、乾き具合や硬さを調整すると同時に、資料に対するPVAcの悪影響を最小限にする。通常、PVAcが1に対して生麩糊が2～3の割合で使うことが多い。

(エ)　その他

　他に、PVA（ポリビニルアルコール）とメチルセルロースがある。ともに無色透明で中性の化学糊であるが、以下のような特徴があるので使用範囲が限られる。

　PVAは接着力は高いが、乾くと堅牢な非水溶性になるため、資料の補修には使用せず、保存容器の作製にのみ使用する。

　メチルセルロースは乾いても水溶性であるが、和紙や劣化した洋紙に、濃度の高いメチルセルロースを使用すると、紙の繊維の中にまで浸透し、繊維を透明化させてしまうおそれがあるので本文部分への使用は避ける。

【補修に使う水】

　糊を溶いたり薄めたりするだけでなく、水は補修には欠かせないものである。水道水は不純物が含まれているので、浄水か純水を使うことが望ましい。

1.2.3　素材確認の方法

　資料に何らかの処置を行うにあたって、資料に使われた素材を確認しておくことが必要な場合がある。ここではそのうち最も頻繁に行う「スポットテスト」と「pHの測定」について説明する。

(1)　スポットテスト

　スポットテストは、資料に処置を行う際に、紙質、記録材料、表装材料などが、処置に使用する水分、エタノール、脱酸性化処置溶液（アルカリ溶液）などによって、にじみやシミ、退色などの変化がないかどうかの耐性を確認する作業である。

①処置に使用する液体で紙芯の綿棒の先をわずかに湿らせ、テストしたい部分に軽く押し当てる。

②綿棒に色材などがわずかでも付着したり、変化が見られる場合は、耐性がないと判断して処置を行わない。

【補足】

　脱酸性化処置溶液のスポットテストの場合は、水分だけでなくアルカリに対する耐性も確認する必要がある。アルカリによる変化は大変穏やかであることが多いため、テスト後一晩置いてから、記録材料の退色など、変化が見られないかどうかも確認する。

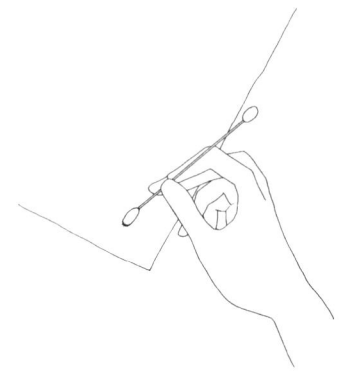

(2) pH の測定

```
0   1   2   3   4   5   6   7   8   9  10  11  12  13  14
─────────────────────────────────────────────────────────
              酸性  ←  中性  →  アルカリ性
```

pH が 7.0 を中性とし、それ以下を酸性、それ以上をアルカリ性という。pH の測定法には、機器を使用する電極法もあるが、ここでは機器を必要としない簡易なもので、指示薬を浸み込ませた pH ストリップインディケーターによる測定法を紹介する。

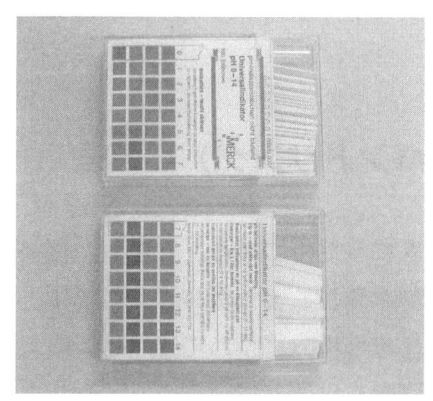

①この方法は水を使用するため、資料の水に対する耐性を、スポットテストを行って確認しておく。
②資料面の下にポリエステルフィルムを敷く。
③資料面の目立たない部分に少量の精製水をスポイトで与える。
④その上に pH ストリップの試薬面を当てる。
⑤さらにその上にポリエステルフィルムを置き、軽い重しを載せる。
⑥数分後、pH ストリップの値をチャートと照合する。

第2章　防ぐ技術

　資料保存の基本は「防ぐ」対策である。これは、損傷したために必要になる人手や予算を考慮しても有効な対策である。

　本章では、図書館業務の流れに沿って「防ぐ」処置を紹介する。この中には、製本のように、従来は「治す」処置と位置づけられていたものも、積極的な観点から「防ぐ」処置と捉えている。

　資料の劣化や損傷を「防ぐ」には、図書館で働くすべての人がかかわってくる。このため、一人ひとりが当事者意識を持って日常業務に取り組むことが重要である。

2.1　取り扱い（ハンドリング）

　図書館の資料は利用されるためにある。しかし、図書館員や利用者の不適切な取り扱いによって資料が傷むことも多い。ここでは、資料を長く利用できるようにするための適切な取り扱いについて述べる。

　資料の取り扱いは特に難しいことではなく、誰にでもすぐにできる良識の範囲内である。資料を適切に取り扱うことで、資料の寿命を延ばすことができる。資料の取り扱いは、利用者だけでなく図書館で働く一人ひとりの意識が大切である。

2.1.1　排架・書架整頓
(1)　**余裕を持った排架**

　資料を書架に並べる時は、通路まではみ出さないようにする。また、出し入れが楽にできるように資料を排架する。きつく詰めると、出し入れの際に資料が擦れて傷む。また、特に書庫内の場合は通気性が悪くなるので、2～3冊分の余裕を持たせる。

　普通の大きさで構造のしっかりした資料は垂直に立てて排架する。垂直に立てると書架に入らない資料は背を下にする。前小口を下にすると本体の重みでノドの部分が傷みやすい。

　また、歩行や清掃の際に床から舞い上がる埃や水の侵入被害を避けるため、床と書架の最下段を10cm以上離して資料を排架する。

　革に含まれる酸やオイルの移行によって紙やクロスなどが劣化するので、革装本と紙やクロス装本は可能であれば別々に排架する。

(2) ブックエンドの使用

　資料を斜め置きにすると変形し壊れてしまうことがある。ブックエンドを使用し、資料をきちんと支える。パンフレットなどの自立しにくい資料はパンフレットボックスに入れたり、パンフレット製本をする (p.31)。

　ブックエンドによって表紙が破れたり、ページが裂けたりすることもある。ブックエンドは表面が滑らかで角が丸くなっていて、資料を傷つけない設計のものがよい。ブックエンドが滑りやすい書架の場合には、書架と接する部分に滑り止めの付いたものを使用する。資料を書架から抜いた時は書架に残された資料とブックエンドを再調整する。

(3) 大型資料の平置き

　大型資料を縦置きにすると、本体の重みでノドの部分が傷みやすいので平置きする。平置きした資料は書名や請求記号ラベルが確認できるように、背を手前にして排架する。辞典などでやむなく縦置きする場合は、ブック・シューを採用するなど工夫する (p.33)。

　ブック・シューは中性紙ボードで作ることが望ましいが、本体が入っていた箱を加工して代用することもできる。

(4) 中性紙ボードの利用

　スチール製の書架は結露しやすく、シミが生じたりカビが発生したりするおそれがある。木製の書架は出し入れにより資料に擦り傷が生じる。これらは、書架に中性紙ボードなどを敷くことにより、防ぐことができる。

2.1.2　出納

(1) 運搬時

　資料を持ち運ぶ際は、両手で確実に持てる範囲のものとする。資料を大量に運搬する場合は、ブックトラックを利用する。ブックトラックは大きなゴムタイヤが付いたものがよい。安定感があり操作しやすく振動が少ない。ブックトラックを利用する時は、バランスよく資料を並べ、必要があればブックエンドで支えて運ぶ。

(2) カウンターで

　出納された資料を何冊も積み重ねると崩れてしまうので、カウンターには広いスペースを設け、できるだけ積み重ねないようにする。やむなく積み重ねる時は2～3冊に留める。小型資料の上に大型資料を置くと崩れやすく傷みやすいので決してしない。

2.1.3　閲覧

(1)　資料を閲覧する前に

(ア)　手洗いの励行

　こまめに手を洗うことで、汚れや脂が資料に付着することを防ぐ。

(イ)　飲食、喫煙

　決められた場所以外での飲食や喫煙は禁止し、利用者や職員に注意を促す。

(2)　閲覧時

(ア)　書架からの取り出し

　資料（特にハードカバーで製本された図書）の背の天に指をかけて引き出すと背から壊れてしまう。取り出したい資料の両横の資料の背を軽く奥に押し、目的の資料の中央を持って引き出すと資料に負担がかからない。一度にたくさん取ろうとすると誤って落下し傷めることがある。

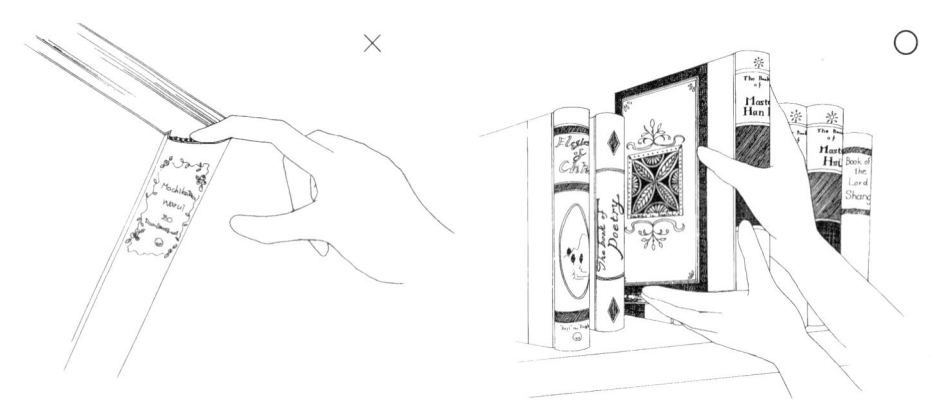

(イ)　メモ取り

　メモ取りは鉛筆を使用し、それ以外の筆記用具や修正液は使用しない。広げたページ上で書いたり、肘をついたりしない。大型資料の利用には十分なスペースを確保する。資料を開いたまま積み重ねたり、資料の放置はしない。そのためにも一度に必要以上の資料を持ち出さない。

(ウ)　付箋紙、しおり

　化学糊のついた付箋紙は、きれいに剥がしたようでも糊が残留し劣化の原因となるので使用しない。代わりに中性紙のしおりを利用する。用が済んだら抜き忘れないように気をつける。しおりがないため、利用者がページの端を折り曲げたりしないよう、カウンターや複写機のところなどに利用者用のしおりを用意しておく。

(エ)　切取り、落書き

　利用者に切取りや落書きをしないよう注意を促す。切取りを発見したら複写

で補充し、鉛筆の落書きは消す。

2.1.4 複写
(1) 上向き複写機
　開いて下向きにすることを繰り返すことや、ノドの部分まで鮮明に撮ろうと複写機に無理に資料を押しつけることで資料が壊れる。上向きに開いた状態で複写できる上向き複写機を導入することが望ましい。

(2) 複写制限
　貴重資料、壊れやすい資料（大型資料、重量のある資料、開きにくい資料など）、劣化した資料、写真などは、図書館としての複写基準などを設け、慎重に対応する必要がある。
　また、よく利用されるため、特に損傷が激しい資料は、複製などの代替物を利用に供し、原資料の利用を制限することも考える。

2.1.5 貸出・返却
(1) 返却ポスト
　返却ポストは、落下時に資料が破損しないように、底にクッションを敷く。また、大型資料はそれ自体が破損しやすいだけでなく、他の資料も破損させるおそれがあるので、開館時間中にカウンターへ返却するよう利用者にお願いする。

(2) 返却時の点検

返却された資料は、書架に戻す前に、しおりや紙片の抜き忘れ、異物の除去、切取りや落書きなどを点検する。資料の損傷を発見する機会でもある。

(3) 雨天時の注意

利用者に資料を濡らさないよう注意を促す。濡れた状態で資料が返却された場合は、利用者に注意するとともに、乾いた布ですばやく拭き取る（p.48 「水濡れへの対処」）。

2.2　装備

装備とは、資料を利用者に提供する前に、図書館の管理上の必要性や利便性などを考慮して、資料に施す手当てのことである。利用による劣化や損傷を予防する場合もあるが、資料に悪影響を与える場合が多い。したがって、利用頻度や保存年限などを考え、装備の必要性と利便性のバランスをとりながら、必要最小限とする。

2.2.1　管理上の必要から

(1) 蔵書印

蔵書印は資料のセキュリティ上、その図書館の所有物であることがはっきりわかるようにしなければならないが、押印箇所は必要最小限とする。インクは乾きが早く、にじまず、化学的に安定していて、消えにくいものがよい。

(2) ラベル・シール類

資料に貼る請求記号ラベル、館名シール、バーコード・シールなどは、できるだけ小さいものとし、タイトル、シリーズ名、著者名、出版者などの書誌情報を隠さないようにする。また、ラベルなどの用紙や接着剤は化学的に安定したものを用いることが望ましい。

【貴重資料の場合】
貴重資料については、本体に直接、蔵書印を押したり、ラベルやシールを貼ったりすることは避けなければならない。和紙や中性紙を別に用意してそれに押印したり、貼付する。一体的に管理する必要があれば、それを生麩糊で軽く本体に貼っておく。

2.2.2 利便性を考慮して

(1) フィルムカバー

　よく利用される資料は、すぐ汚損してしまうため、多くの図書館では透明な接着剤付きフィルムカバーで表紙を覆っている。しなやかで、化学的に安定した素材で、紫外線をカットする効果のあるものが望ましい。

　後で取り替える可能性のある請求記号ラベル、館名シール、バーコード・シールなどは、フィルムカバーの上に貼付する。

　フィルムカバーは紙表紙の資料には有効であるが、凹凸のある布表紙の資料には接着力が弱く、すぐに剥れて、かえって汚してしまうので、使用しないほうがよい。また、貼り付けてから時間が経つと縮んできたり、一度貼り付けてしまうと元の状態に戻せなくなったりしてしまうので、貴重資料や長期に保存する資料には使用しない。

(2) 付属資料

　付属資料の取り扱いとしては、本体と別に扱う方法と、管理上の問題や利便性を考えて、本体に挟み込んで一体化する方法がある。厚さが数 mm 以上になる付属資料の場合は、挟み込むと本体が傷みやすくなるので、別扱いにしたほうがよい。また、貴重資料の付属資料についても別扱いとする。

　管理上可能であれば、裏表紙側の見返しに中性紙のポケットを貼付し、その中に収納してもよい。

(ア) 正誤表　★

　標題紙の前もしくは目次ページの最初のノド側に、のりしろ 3mm 程度で糊付けする。

(イ) 地図・図表

　【本体より付属資料が小さい場合】　★

①付属資料に和紙をのりしろ 3mm 程度で貼って継ぎ足す。これを足（あし）という。足の幅は 1 〜 2cm 程度とする。

②足をのりしろ 3mm 程度で本体の裏表紙側の見返しの間、もしくは奥付の前に糊付けする。足を付けるのは、見やすく利用しやすくするためと、損傷しにくくするためである。なお、両側から袋状に挟み込むように貼り合わせて足を作るとより丈夫になる。

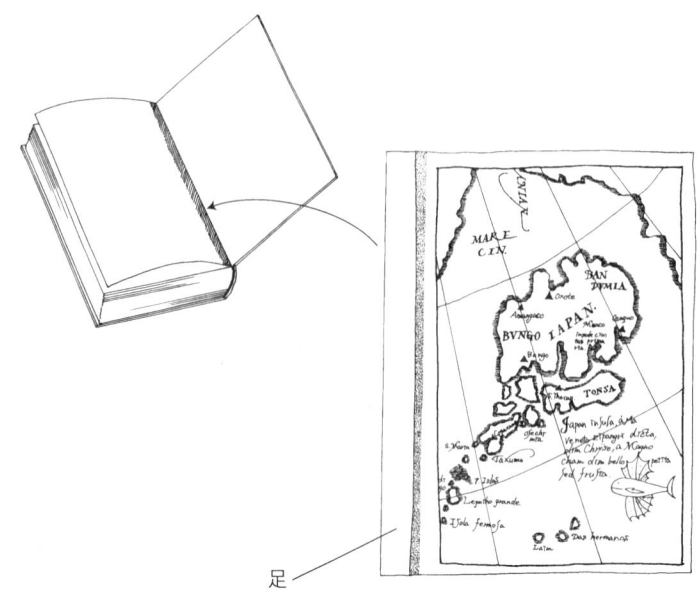

足

【本体より付属資料が大きい場合】 ★★

①挟み込んだ時に本体からはみ出さないように折り畳む。

②付属資料に和紙をのりしろ 3mm 程度で貼って、足(幅 1 〜 2cm 程度)を作る。本体に糊付けする部分より少し長めに足を作っておき、あとで余分な部分を切り落とすと、畳む部分の折れ目のところが丈夫になる。A の部分を和紙で補強してもよい。

③足をのりしろ 3mm 程度で本体の裏表紙側の見返しの間、もしくは奥付の前に糊付けする。

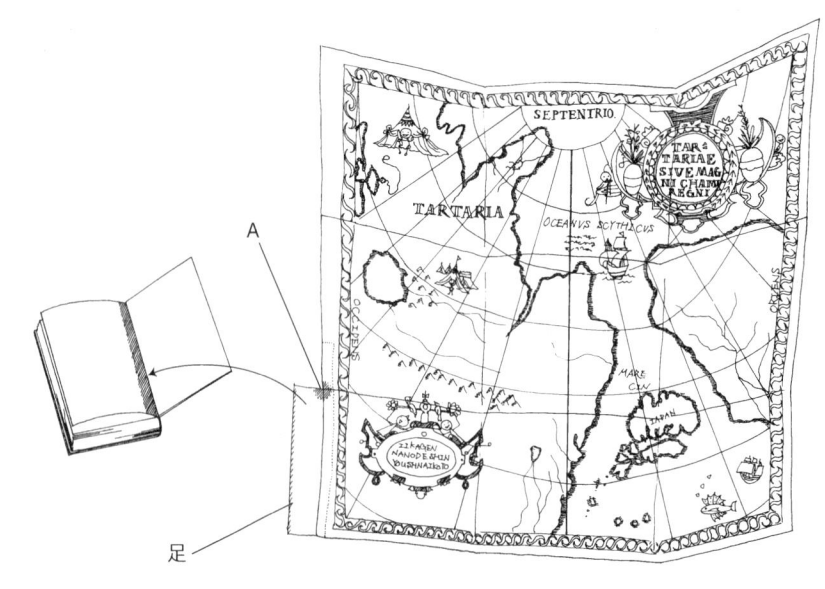

足

図中ラベル: 切り落とした部分／ここが丈夫になる／A／足／DENS

(ｳ) その他の注意点
・ステープルなどの金属針で綴じられている全集の月報などは、金属針を除去し糸で綴じ直す (p.57)。
・付属資料ではないが、ブックカバー、帯など情報源となるものは残すようにする。本体に軽く糊付けするか、付属資料と同様な扱いにするとよい。透明な接着剤付きフィルムカバーで覆う場合は、これらの上から覆う。

2.2.3 予防的観点から

(1) 開き癖

見返しとそれに続く数ページのノドの部分を折り曲げ、開き癖をつけておく。利用する時には、その部分までしか開かないので、ノドの部分への負担が軽減され壊れにくくなる。特に無線綴じの本については有効である。

(2) 不要物の除去

宣伝のために挟んであるチラシや、蔵書印の押印時に当てた紙などは取り除いておく。挟まれたものが原因で本体にシミができたり、酸が本体ページに移行して劣化を引き起こしたりするのを防ぐためである。

2.3　製本

　従来、図書館製本といえば、壊れてしまった資料をきれいに作り直す「治す製本」（修理製本）、あるいは分冊で刊行される雑誌などをまとめて1冊にする合冊製本が中心であった。しかし、ここでは、壊れる前に行う事前製本を「防ぐ製本」として位置づけ、従来の「治す製本」よりも「防ぐ製本」を中心に取り上げる。なお、「治す製本」であっても、資料が傷んだらすぐに修理することで、資料の傷みを最小限に食い止めることができる。その意味では「防ぐ製本」としての位置づけも同時に持っている。

　しかし、製本することがすべての資料にとって最善の資料保存対策とは限らない。どんな形にせよ、図書館が行う製本とは「再製本」であり、資料の原形を変えるということである。

　各図書館において、資料の価値、利用状況、保存年限、提供方法などを総合的に判断し、製本するだけでなく、「保存容器に入れる」、「保管環境を整備する」、「取り扱いに注意する」などの対策や、「取り替える」、「捨てる」などの方策から適切な保存対策を選択することが重要である。また、製本するにしても、「製本基準」を設けたり、的確な「製本仕様書」を作成したりすることが必要である（p.99「製本仕様書」）。

【資料の流れと製本の種類】

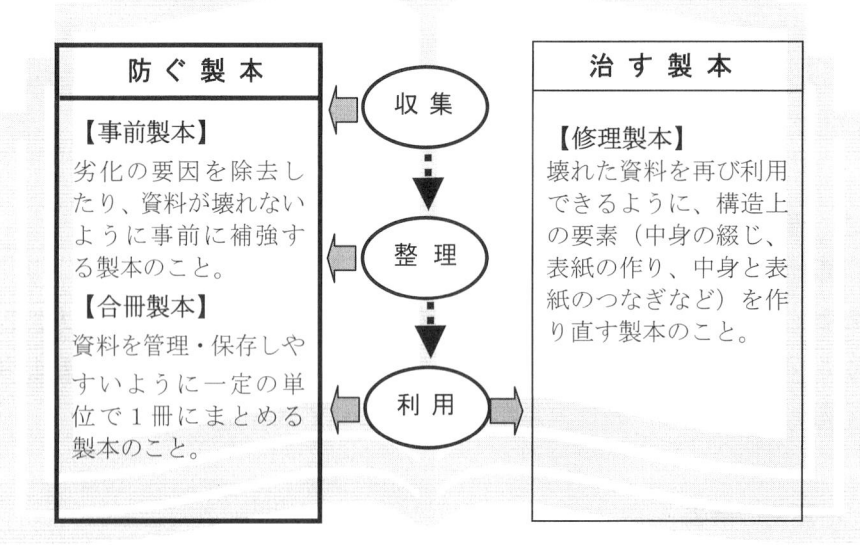

【事前製本の基本的な考え方】

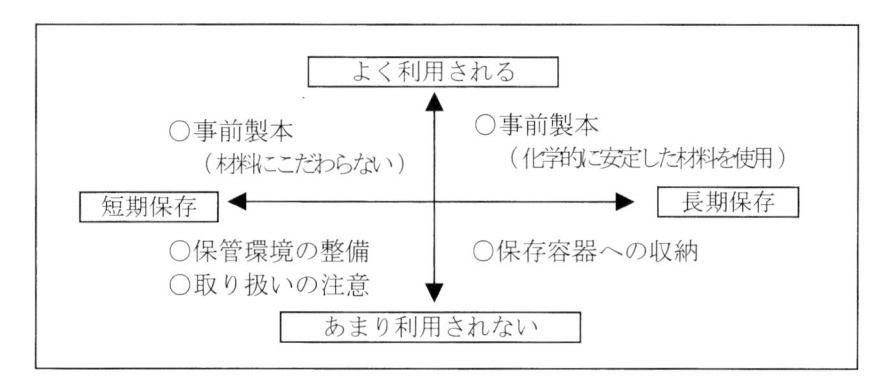

```
                      よく利用される
                           ↑
      ○事前製本              ○事前製本
      （材料にこだわらない）    （化学的に安定した材料を使用）
  短期保存 ←――――――――――――――――→ 長期保存
      ○保管環境の整備        ○保存容器への収納
      ○取り扱いの注意
                           ↓
                      あまり利用されない
```

2.3.1 防ぐ製本

(1) 事前製本

　事前製本は、利用者に提供する以前の収集・整理の段階で、資料を壊れにくくするためや、劣化の要因を除去しておくために行うものである。事前製本する際は、利用頻度や保存年限を勘案し、適用の可否や範囲、使用材料などの基準を明確にしておくことが望ましい。

　事前製本には以下のような例がある。

(ア) パンフレット製本

　薄表紙の資料やパンフレット類に新たな厚表紙を取り付け、自立できるようにするとともに、出し入れ時の摩擦による損傷を防止する。厚表紙に中性紙を使用することによって、酸性劣化を防ぐことにもなる (p.31)。

(イ) 綴じ直し

　週刊誌や薄手の資料にはステープルや針金などの金属針が使われていることが多い。長期に保存する資料は金属針を除去し糸で綴じ直すことで、損傷や劣化を防止する (p.57)。

(ウ) 平綴じ

　接着剤で製本されたペーパーバックや月刊誌などの無線綴じの資料は、無理に開いたり、複写などで背に圧力を加えると、容易にページが外れ、壊れやすい。ノドの部分を糸で平綴じすることによって、ページの外れを防止する (p.76)。ただし、本の開き具合が悪くなるので、硬い紙質のものやノドの余白が十分でないものは平綴じには向かない。

(エ) 上製本

　新聞の縮刷版など重量のある資料や、利用頻度が高く長期に保存する必要があるものについては、収集・整理の段階で堅牢なハードカバーに製本し直しておくことも選択肢の一つである。これは製本業者に発注することが多い。

○製本前　　　　　　　　　○製本後

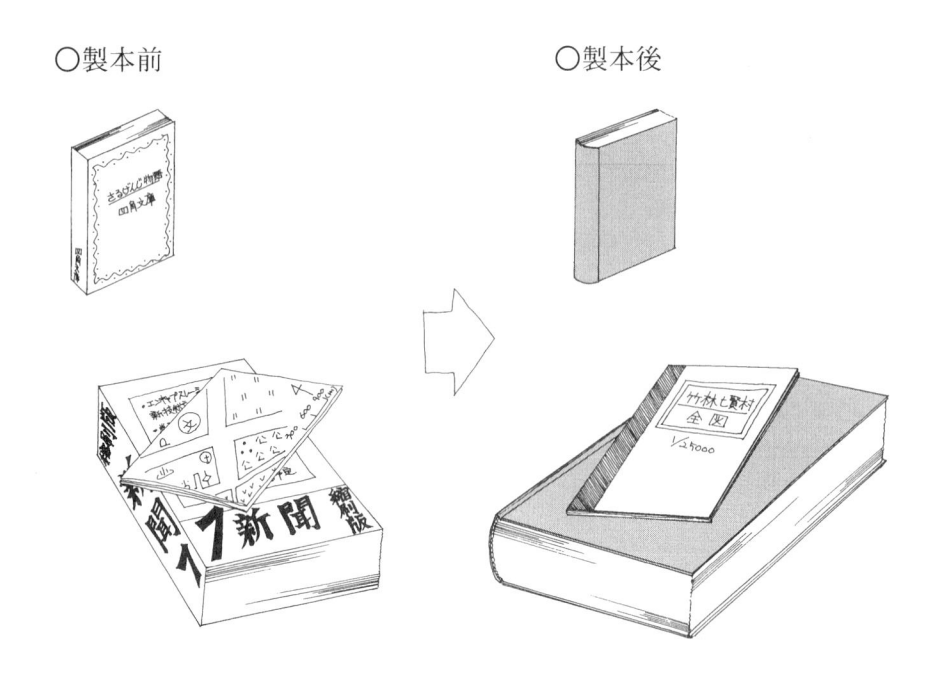

(2) 合冊製本

　資料を管理・保存しやすいように一定の単位でまとめる合冊製本の対象は、同一タイトルが分冊で刊行される雑誌などの逐次刊行物が中心となる。

　これらの資料は速報性が求められるため、一般的には、一定期間利用に供してから製本業者に発注することが多い。利用が多く長期保存の必要性も高い資料の場合、複数部受入れ、一方をそのまま利用に供し、他方を事前に合冊製本して長期保存用とするなどの対策をとることもできる。

　最近の合冊製本は化学的に安定した材料を使用し、技術的にも向上していることから、以前に比べ耐久性が高まっている。しかし、合冊製本には、①一般的にノドの余白が狭くなるため、利用や複写の時に資料への負担が増す、②合冊することにより1冊単位での利用ができなくなる、③元の表紙が見えなくなることで情報量が減るなどの欠点もある。

　また、統一的な仕上りを維持するために、背文字の印字方法や目次・総目次、広告の取り扱いなどの仕様を確定しておくことが望ましい。なお、タイトルや判型の変更があった場合は、製本仕様を見直す必要がある。

○製本前　　　　　　　　　　　　　　　　　　　　○製本後

2.3.2 治す製本（修理製本）

修理製本は、綴じが切れたりページが外れた資料、表紙と中身がバラバラになった資料などを、修理し製本し直すものである。損傷の度合い、コスト、時間などを考慮して、館内で行う場合もあるし、専門業者に発注する場合もある。いずれにせよ、どんな修理方法を適用するかは、その図書館としての資料保存方針に沿った判断が必要となる。

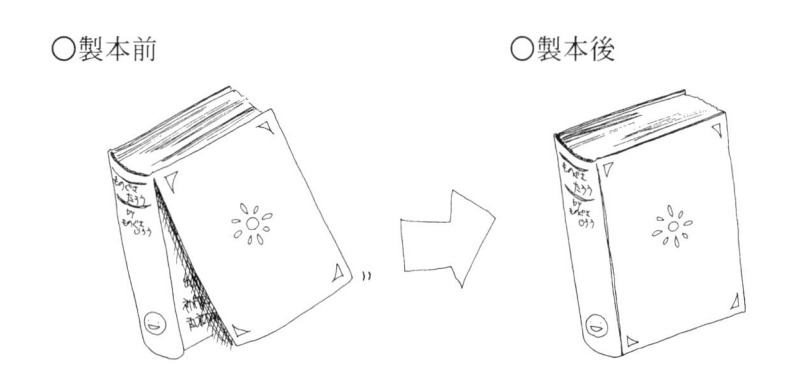

○製本前　　　　　　　　　○製本後

ただし、以下のような資料については、損傷していても修理製本には適さないものもある。慎重に対応し、保存容器に入れるなど、他の保存処置も考える。

・1850 年以前に出版された洋図書
　書誌学的にも価値がある年代のため、多くの図書館で、原形保存が原則とされている。
・用紙が劣化しているもの
　紙の端を折り曲げて、3 回以内で切れてしまうものは、一度治しても紙自体が劣化しているので壊れやすい。
　洋図書は 1890 年代と 1920 年代、国内出版物は 1940 年代のものが、特に酸性劣化が進んでいる。目で見て、茶色に変色しているもの、触っただけで、ポロポロと紙が崩れるものは基本的には製本は難しい。
・ノドが狭いもの
　ノドや小口に余白が少ないものは情報を損なうおそれがある。また、修理製本によってノドの余白が狭くなると、複写の時、利用者が無理にページを開こうとして壊れやすくなる。

2.4 保存容器

2.4.1 容器に入れる

資料の保存にとって、保管環境を整えることは重要である。保存容器に資料を収納することは、資料にとっての小さな保管環境を整えることである。また、

輸送時や災害の際に資料を保護するという面もある。

(1) 効果と材料

　保存容器に資料を収納することによって、資料の劣化要因である、光、埃、大気中の酸性汚染物質、温度・湿度の変化から資料を保護することができる。保存容器の作製に使用する保護用紙には現在さまざまなものが市販されている (p.10)。

　使い分けとしては、以下のような注意点がある。

　一般書などには、アルカリバッファー紙ボードで作製した保存容器に収納することが望ましい。ただし、シアノタイプ（青写真）、没食子インクやブルーブラックインクで書かれた資料、写真、革装本や色材などは、アルカリに接するとすぐに、あるいは徐々に変化し劣化するものがある。それらの資料は、ノンバッファー紙で包んでからアルカリバッファー紙ボードで作成した保存容器へ入れるか、保存容器の内側にノンバッファー紙ボードが組み込まれていることが望ましい。

【シアノタイプ（青写真）】
　設計図面などの青色の紙に白い線で情報が映し出されている種類のもの。光とアルカリによって退色する。

【没食子インク (Iron-gall ink)】
　ブナ科ナラ属の樹木の若枝に寄生した、インクタマバチが作る虫こぶを混入して作られたインク。劣化により、文字部分の欠落が起こる。

　いずれにせよ、保存容器は、資料の性質、状態、形状、利用状況に合わせて各種の保護用紙を使用し、あるいは組み合わせて作製する。また、ポリエステルフィルム封入法 (p.38) を組み合わせることで、より保存性が高められる資料もある。

　現在では、このようなさまざまな材質の保存容器や、個々の資料の寸法に合った保存容器を購入することができる。

(2) 種類と作製方法

　保存容器にはさまざまなものがあるが、ここではそれらを紹介し、その中でも比較的容易にできる保存容器の作製方法もいくつか紹介する。

(ア) カイル・ラッパー　★★

　大きさがA4判程度、厚さ3cm程度までの図書、複数のパンフレット類を入れるのに適した容器。アメリカの製本修復家のヘディ・カイルが考案したた

めこの名称になった。

　接着剤以外、留め具を使用する必要がないため安全である。また個々の資料ぴったりの寸法なので、そのまま排架できる。

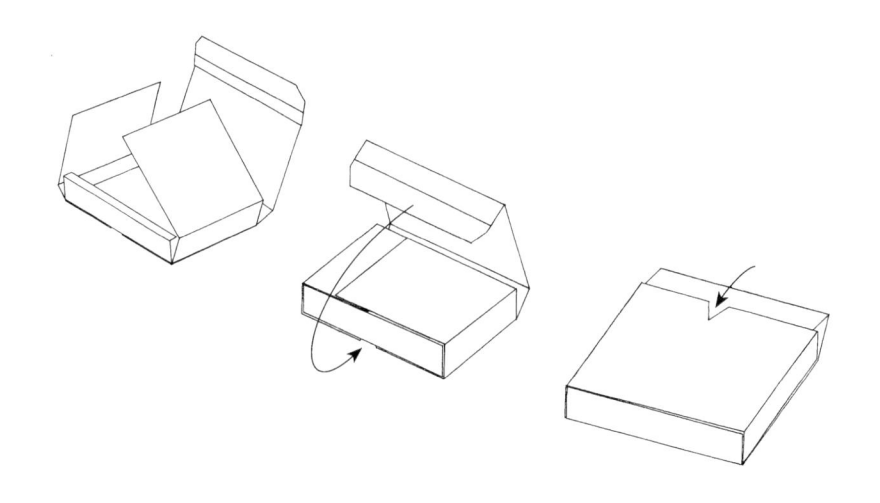

【準備するもの】
　中性紙ボード、定規、カッターナイフ、カッターマット、PVA、ヘラ

①資料の寸法を定規で測る。
　資料によっては歪みがあるため、大きさはそれぞれの寸法の一番大きな部分とする。

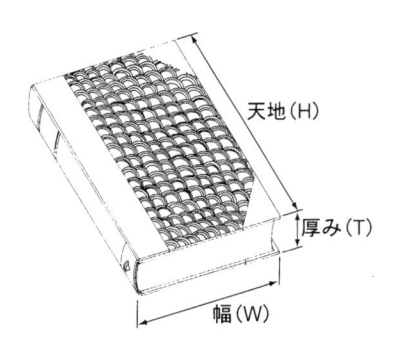

②紙の目に注意をして、内側になる紙と外側になる紙をそれぞれ作製する。定規を当て、ヘラでしっかりと折り筋を付けて折り曲げる。紙の角（黒い部分）は丸みを持たせるため切り落とす。
③斜線部分にPVAを塗り、内側になる紙と外側になる紙を接着する。
④順番に折り曲げて完成。
⑤ラッパーの背や表紙に書名を書き、請求記号ラベルなどを貼る。

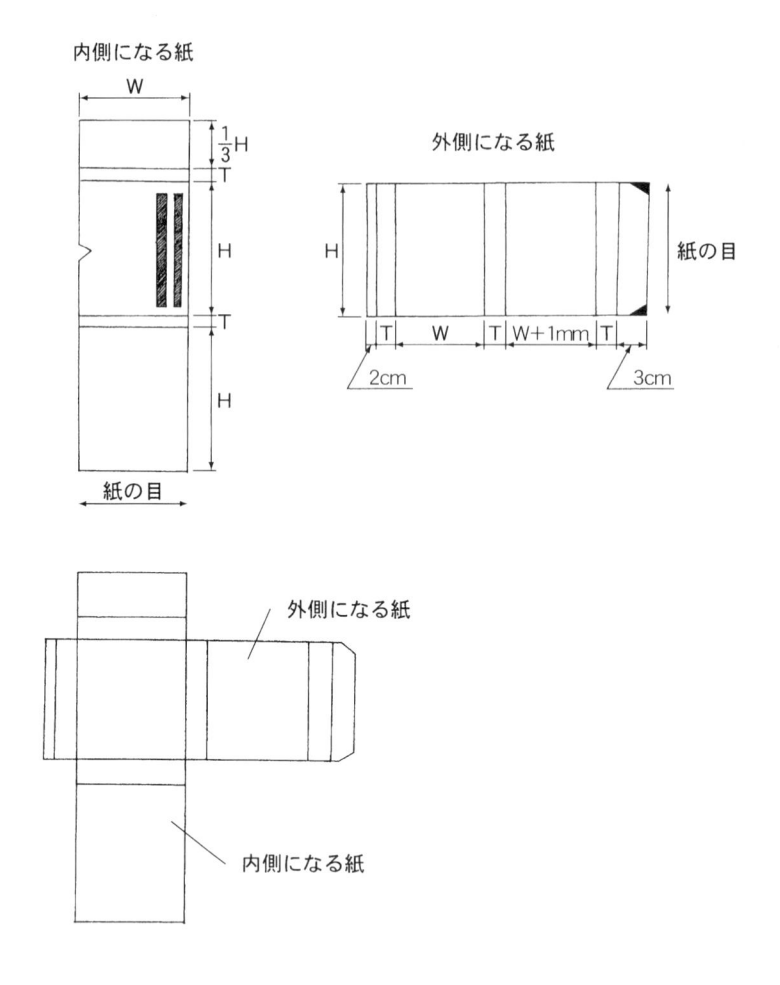

(ｲ)　ポケットフォルダー　★

　そのままでは書架に立てて置けない、柔らかなカバーの薄い資料や折り畳んだ一枚物の資料に適した容器。

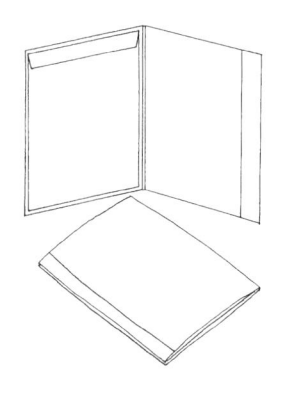

【準備するもの】
中性紙ボード、定規、カッターナイフ、カッターマット、PVA、中性紙封筒、ヘラ

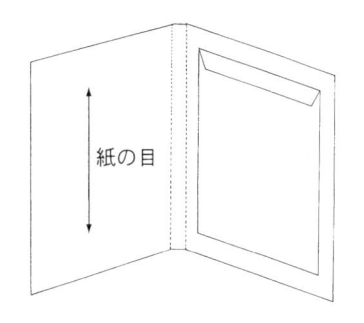

紙の目

①収納する状態での資料の寸法を定規で測る。
②中性紙封筒の大きさを決め、その封筒よりも縦は4cm程度、横は封筒の横幅の2倍＋4cm＋資料の厚み程度の大きさでボードを切る。
③フォルダーの背の厚み分（資料の厚み程度）の2本の折り筋をヘラでしっかり付け、折り曲げる。
④中性紙封筒の四辺の内側を、ボードの内側の左右どちらかの側にPVAで貼付する。
⑤背や表紙に書名を書き、請求記号ラベルなどを貼る。

(ウ) パンフレット製本 ★★

　そのままでは書架に立てて置けない、パンフレットのような柔らかなカバーの薄い資料に適している。ポケットフォルダーと異なり、パンフレットを綴じこむ形で一体化するものである。ここでは、ステープルなどの金属針を使って中央で綴じてある資料の場合を紹介する。

【準備するもの】
　中性紙ボード、定規、カッターナイフ、カッターマット、綴じ糸（木綿糸や麻糸）、製本用布テープ（粘着剤付き）

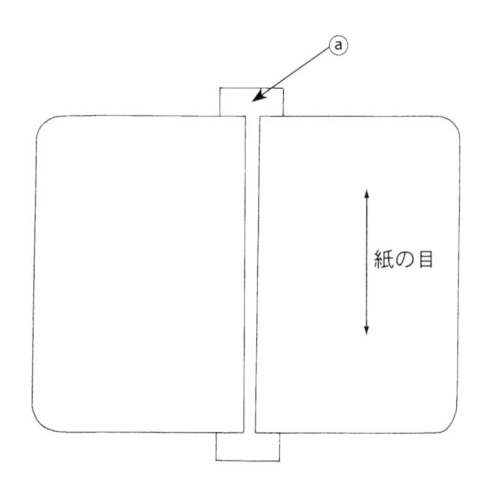

ⓐ

紙の目

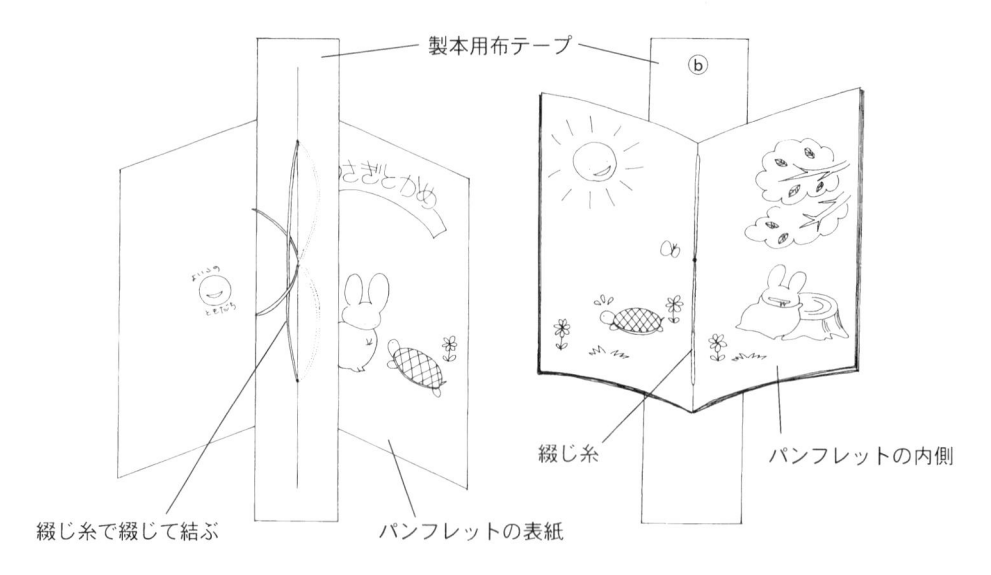

製本用布テープ

綴じ糸で綴じて結ぶ　パンフレットの表紙

綴じ糸　パンフレットの内側

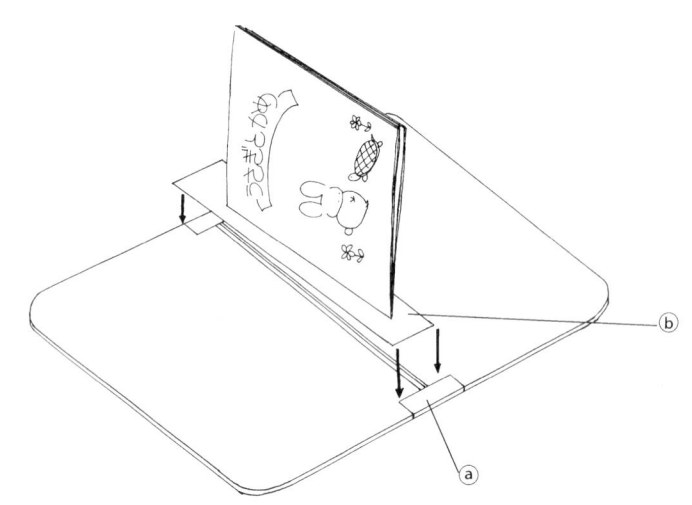

①表紙になるボードを用意して、ボードの前小口になる角は丸く切り落とす。
　　このボードの大きさは、資料よりも大きければよく、採寸の必要はない。A4 判、B5 判などの定型の大きさのものを用意しておくと便利である。
②製本用布テープを 2 本切る。
　　ⓐボードの天地＋ 30mm
　　ⓑボードの天地－ 5mm
③表紙になるボードを 2 枚横に並べる。その際に資料の厚み＋ボードの厚み 2 枚分を離して置く。その上にⓐを貼り、天地を折り返す。
④パンフレットを綴じている金属針を取り除く。元の綴じ穴を生かせる場合にはそのまま生かす。製本のための綴じ穴を小さくあける。
⑤粘着層を外側にしたⓑの中央にパンフレットを綴じ付ける (p.57)。
⑥2 枚の表紙の間の溝にパンフレットの背がくるようにパンフレットを綴じ付けたⓑを貼る。
⑦背や表紙に書名を書き、請求記号ラベルなどを貼る。

㈍　ブックカバー　★

　直接、請求記号ラベルなどを貼付すべきではない資料や、革の劣化が進んでいる革装本などに使用する。

　【準備するもの】
　中性紙、定規、カッターナイフ、カッターマット、ヘラ

①資料の寸法を定規で測る。
②①の寸法をもとにして、紙を切る。紙の目は本の天地方向になるようにする。
③天地を折り返してから本をくるむようにして前小口側も折り返す。
④カバーの背や表紙に書名を書き、請求記号ラベルなどを貼る。
⑤両面の折り返しの袋状の部分に表紙を差し込む。

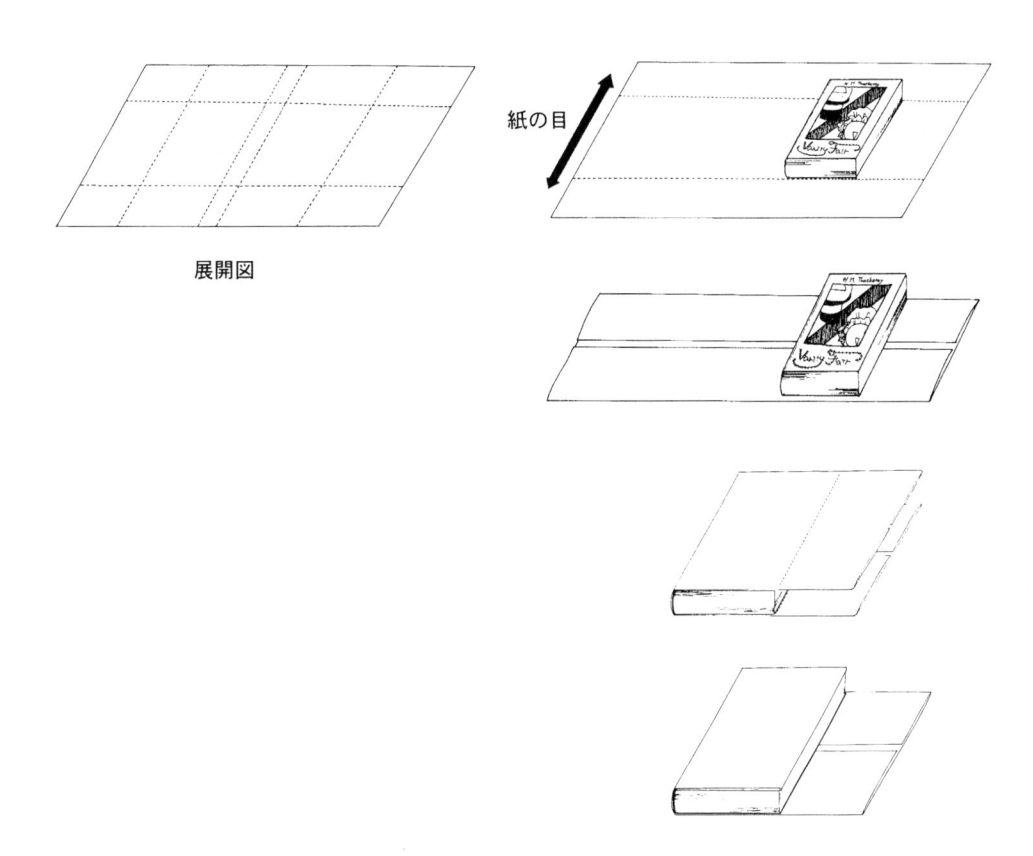

展開図

紙の目

㈎　ブック・シュー　★★

　大型本の変形や損傷を防ぐのに適している。

　【準備するもの】
　中性紙ボード、定規、カッターナイフ、カッターマット、PVA、ヘラ

①資料の寸法を定規で測る。
　ⓐ表紙を含む本の天地、幅、厚み
　ⓑ表紙を含まない本文の幅、厚み、地のちり幅
②ⓐの寸法からケースの寸法を決めて、ケースの紙の目が垂直方向になるようボードを切る。ボードの比較的滑らかな面がケースの内側（資料と接する側）になるようにする。ケースは左右2枚のボードから作る。図の網かけ部分が重なるので内側になる方の天地と幅を2mm程度切り落として小さくする。折り曲げ部分にヘラで折り筋を付けておく。角を丸く切り落とす。
③ⓑの寸法から、ケースの内側の中敷の大きさを決めて、ボードを切る。ボードを何枚か作って重ねてみて、厚みがちりの寸法に合うように調整し、貼り合わせる。
④図の網かけ部分どうしをPVAで接着し、ケースを組み立てる。ケースの底に中敷と資料を置いてみて、中敷の適当な位置を決める。ケースの底に中敷をPVAで接着して固定させる。

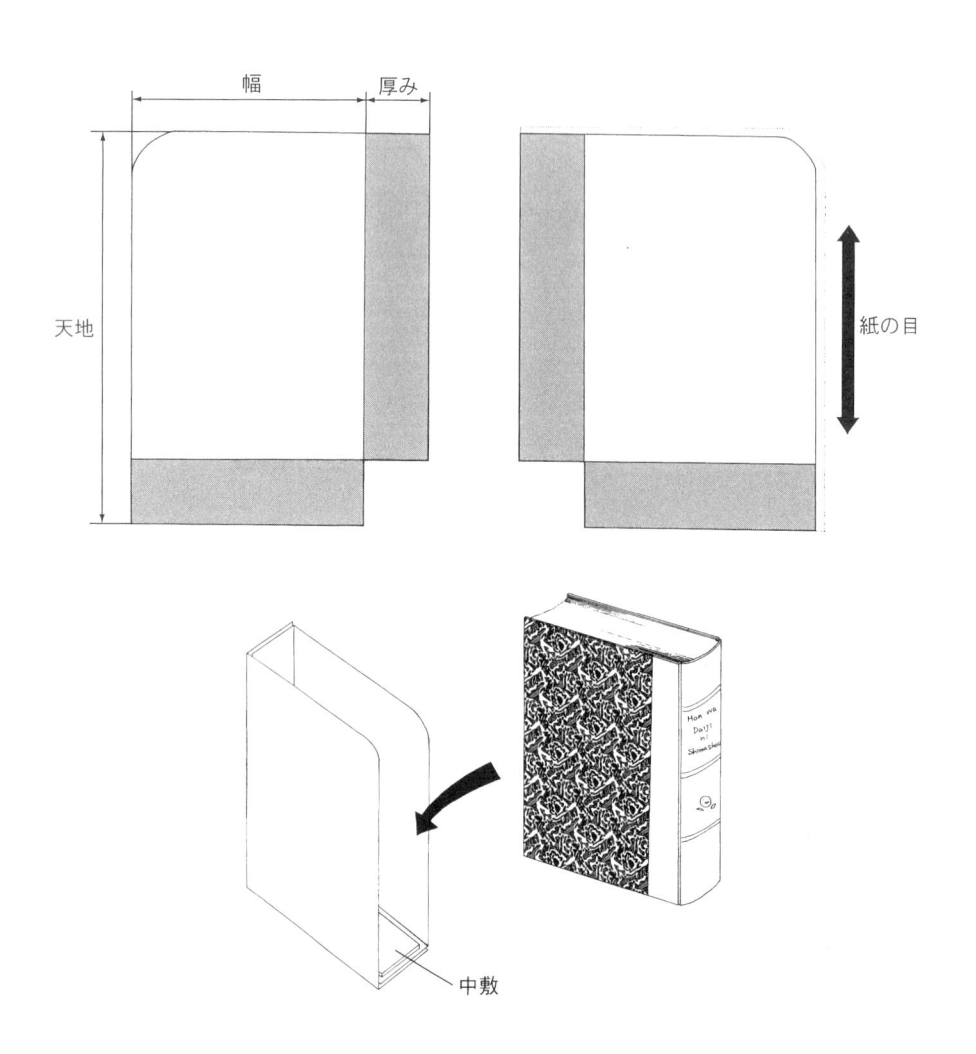

㈏ その他
・帙型

　カイル・ラッパーと比較して、より厚い資料、重い資料、大型の資料を入れるのに適した容器。形状に歪みが生じにくいので綴じの外れた資料を安定した形で保存するのにも適している。留め具と接着剤を必要とする。

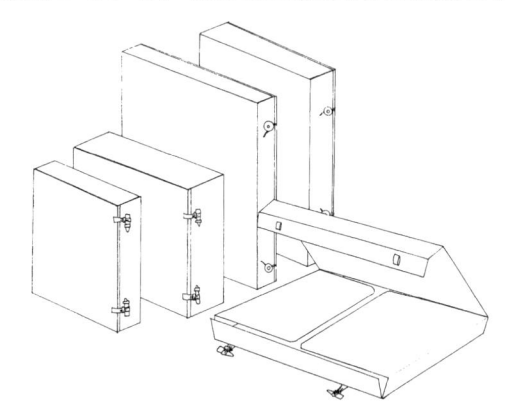

・蓋付き箱

　未整理の資料や大きさの異なる複数の資料をまとめて保存するのに適している。

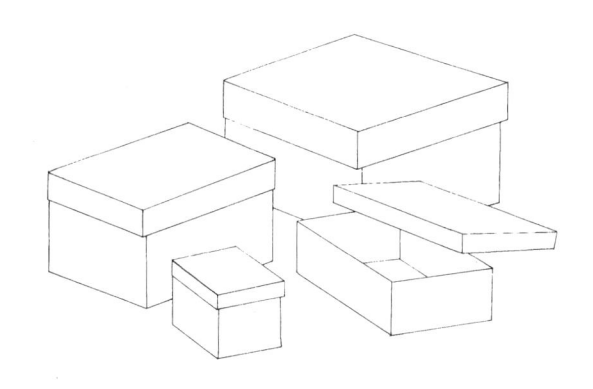

・文書ファイルボックス

　綴じられていない文書資料を保存するのに適している。

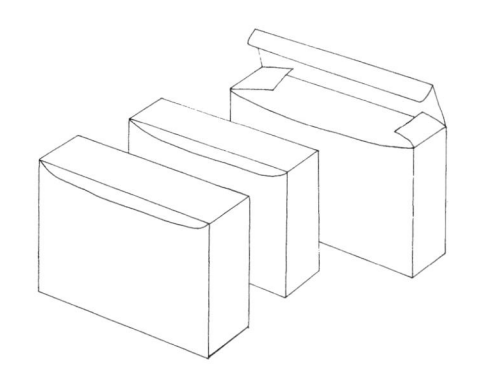

・巻子箱
巻子資料を入れるための容器。

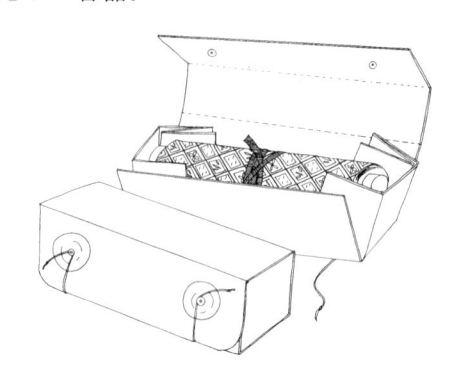

・フォルダー
地図やポスターなど大型で平らな資料に適している。

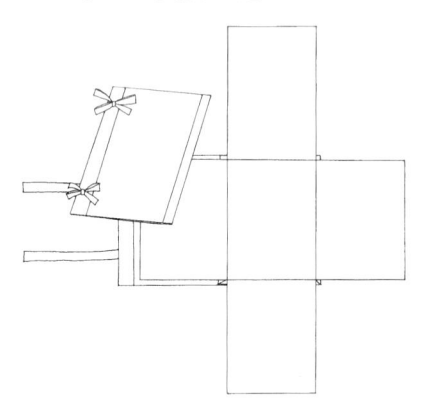

・シェルボックス（夫婦函）
留め具を使用していないため、開閉が容易である。堅牢であり、積み重ねに耐えられるため、書簡などの大きさの異なる資料を整理し保管するのに適している。

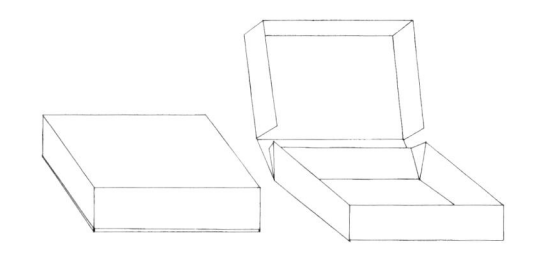

・ブックマット
写真、浮世絵や版画など一枚物の資料を保存したり、展示したりするのに使用する、窓が開けられているフォルダーのこと。マットボードの外寸を額の内寸に設定しておけば、そのまま額装に使用できる。

マットボード
（ウインドウマット）

リネンテープ

テープ状の和紙

マットボード
（バックボード）

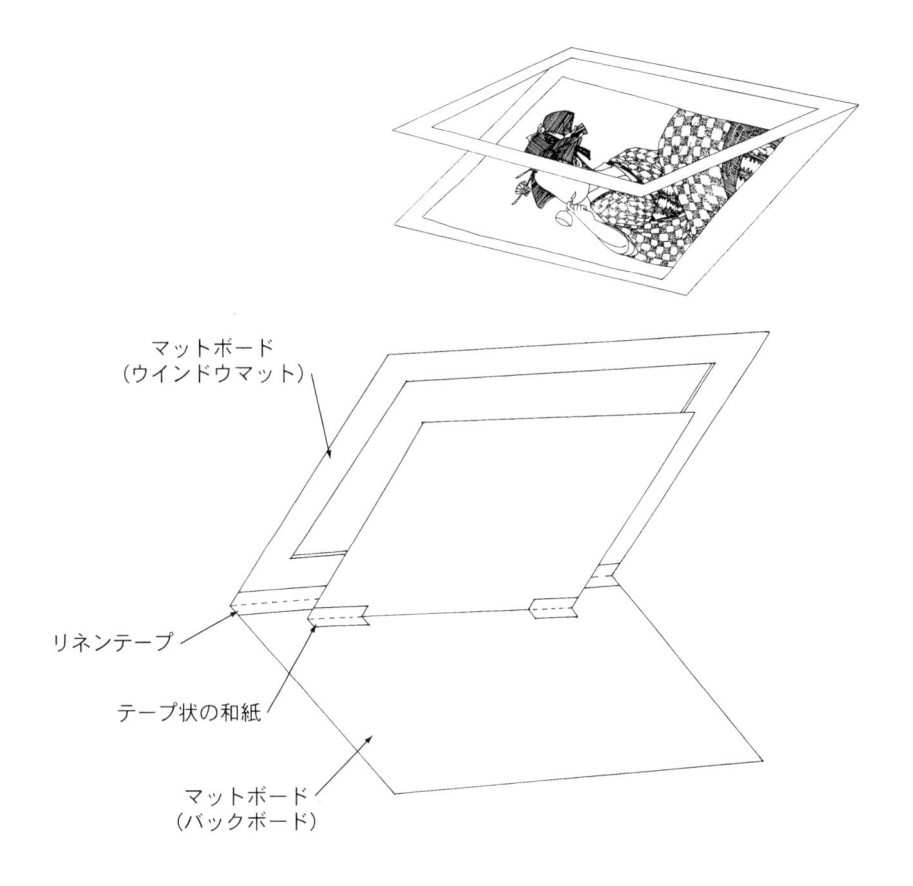

(3) 写真

　写真は酸やアルカリに対して敏感なものがあるため、保護用紙はノンバッファー紙を使用する。紙製のアルバムなどで、酸性の台紙に写真が貼られて、重ねられている場合には、変色、退色、歪み、銀鏡化が見られることが多い。写真表面に酸を移行させないために、写真の貼付されている台紙間にノンバッファー紙を挟む。また1枚ずつ保管されている写真はノンバッファー紙の写真保存用封筒に入れるとよい。感圧式粘着シートアルバムに写真が貼付され、糊が劣化し、写真を変質させている場合には、専門家に相談する。

　また、プリント、フィルム、ガラス乾板は、一般資料とは異なる専用の保存容器が市販されている。

　最近では大量にある写真資料をより活用するため、写真情報を電子化し、データベースで管理することなども行われている。

【銀鏡化】

　白黒写真の画像の影の部分の黒色部が、劣化のために鏡の面のようになることである。ホルムアルデヒド、排気ガス、台紙から発生する酸性ガスなどの汚染ガスが原因であると言われている。

2.4.2 ポリエステルフィルム封入法
（フィルム・エンキャプシュレーション）

ポリエステルフィルム封入法とは、そのままの状態では取り扱いに不安がある一枚物の資料を、不活性の透明ポリエステルフィルムで両面から挟み、封入する方法である。資料を酸素から遮断することで劣化を遅らせることができる。また、酸やアルカリに接することで変化してしまうおそれのある資料を保護するという意味でも有効な処置と考えられる。

特徴は、そのままの状態で閲覧したり、展示したり、複写したりできることである。また、フィルムの周囲をシーリングしてあるだけなので、必要ならば資料を封入前の状態に簡単に戻すことができる。

ただし、脱酸性化処置（p.50）が行われていない酸性紙に、この処置を適用すると、酸性紙が劣化していく過程で発生する酸性物質によって、より一層資料が劣化する危険性がある。

アルカリに弱く脱酸性化処置ができないシアノタイプ（青写真）などの資料にこの処置を施す場合は、汚染ガスを吸着する機能のあるノンバッファー紙とアルカリバッファー紙などを組み合わせ、資料裏面に封入することで資料から出る酸性物質を吸着させる。

また、このポリエステルフィルム封入法は、パステルなどの粉状の筆記具で書かれた表面の状態が脆弱な資料や、浮世絵など表面の凹凸が資料の一部分であると考えられるものには適用できない。

【使用するポリエステルフィルムの厚みの目安】
　　　50ミクロン・・・・・・葉書大〜A4判の資料
　　　75ミクロン・・・・・・A3〜A0判の資料
　　　100ミクロン・・・・・・長辺が2m以上でやや厚口の紙を使用している資料。

⑴　四方型シーリング（両面テープを用いた場合）　★★
【準備するもの】
ポリエステルフィルム（資料の周辺に3〜5cm余裕がある程度の大きさ）、重し、両面テープ（無酸性のものがよい）、カッターナイフ、カッターマット、定規、布

①ポリエステルフィルムを敷き、封入する資料をその中央に置く。
②資料から1cm程度離して、ポリエステルフィルムの四辺に、両面テープを貼付する。
③両面テープの剥離紙を剥がさずに、もう1枚のポリエステルフィルムをそ

の上に被せる。
④中央に重しを載せる。

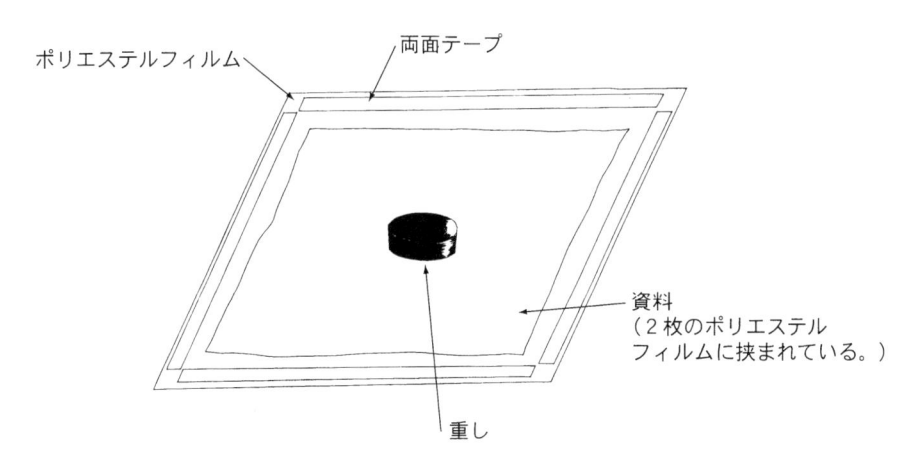

ポリエステルフィルム／両面テープ／資料（2枚のポリエステルフィルムに挟まれている。）／重し

⑤重しを載せたまま、2枚のポリエステルフィルムの間から一辺のみ両面テープの剥離紙を剥がして接合する。
⑥ポリエステルフィルムの上から柔らかな布で擦り全体の空気を抜く。

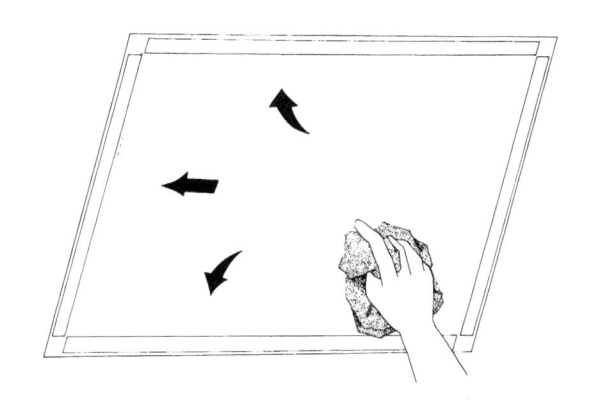

⑦三辺の剥離紙を剥がし、2枚のポリエステルフィルムを接合する。
⑧四辺のポリエステルフィルムの端に定規を当て、カッターナイフで余分な部分を切り落とす。四隅は丸く切っておく。

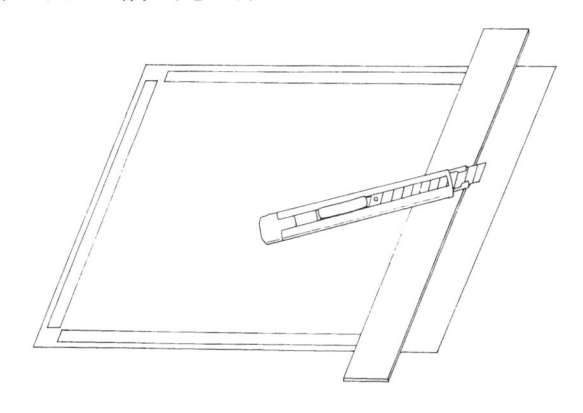

【道具による仕上りの違い】

両面テープを使用する以外に、ミシンかがり、超音波や熱溶着を用いる方法もある。

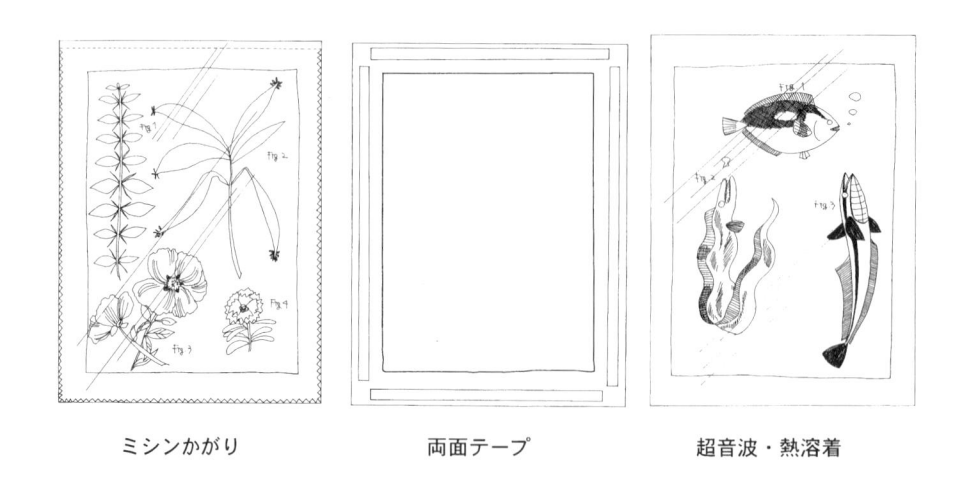

　　　ミシンかがり　　　　　　両面テープ　　　　　　超音波・熱溶着

(2) 2穴フォルダー（冊子用・展示用） ★★

展示などで資料を壁などに直接固定させたり、吊り下げたりしたい場合や、散逸しそうな資料片を一冊に綴じておきたい場合にも、ポリエステルフィルム封入法は有効である。

冊子用の2穴のフォルダーに仕立てる場合には、ポリエステルフィルムの寸法を大きめにとり、綴じ側に余裕を持たせるようにする。余裕を持たせた綴じ側に2穴開け機により穴をあける。その際、フォルダーの底辺が積み重なったときに、穴の位置がきちんと揃うように気をつける。

(3) 長い資料の保管　★★

　大型で平らな一枚物の資料を広げたまま保管する場所がない場合に、一辺のみを接合させた方法で資料を挟み、巻物状にして保管をすると、資料が傷まず取り扱いも簡便になる。

一辺のみ接着

2.5　点検時

　資料の利用を保証するためには、傷んだ資料を補修するということだけではなく、資料が劣化する前に、劣化の原因を考え、事前に対処するということが望ましい。そのためには、清掃を含む保管環境、資料の状態、利用時の状況を日々点検することが重要になってくる。

　ここでは、点検時に発見される被害のうち、補修以外の処置のいくつかを紹介する。

2.5.1　汚れの除去

　汚れとは、利用により付着した汚れ、定期的な書架の清掃が行われなかったための埃の付着、利用者による書き込みや飲料などのシミをいう。

　見た目の問題だけでなく、付着した物質によっては、資料の劣化を促進する可能性がある。また、埃を除去しないで補修を施したり、水濡れすると、水分が紙中に入り、汚れを定着させ、除去できなくなってしまう。

　資料の表面の埃や汚れは、刷毛、クロス、ケミカルスポンジ、消しゴム、サクションテーブル（吸引装置）などを資料の素材や状態によって使い分け、除去する。

(1) 道具の種類

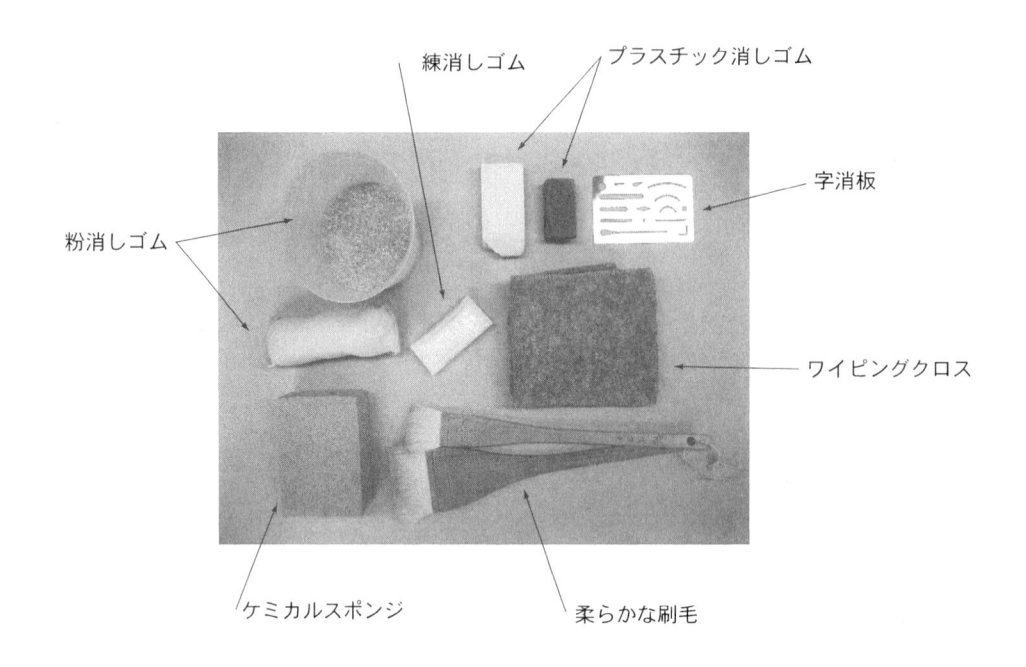

①プラスチック消しゴム
　利用者の落書きなどの書き込みを消す際に使用する。
　資料によっては元の所蔵者の書き込みが重要な情報として残されている場合もある。よく判断をしてから消去する。
②字消板
　資料が裂けている場合など、不安定な場所を抑え、安定させながら汚れを除去するために使用する。
③ワイピングクロス
　本文などの紙の部分ではなく、クロス装丁などの表装材にまとわりついている埃を拭き取る際に使用する。書架の清掃にも使用する。
④練り消しゴム
　汚れを擦りこんでしまうおそれのある資料に、軽く叩くように汚れを吸着させて使用する。
⑤柔らかな刷毛
　図書資料のノドの部分にたまった汚れや、資料表面の埃や、消しゴムの残り滓を払うために使用する。
⑥ケミカルスポンジ
　紙の繊維や表装材にまとわりついている埃に、擦るのではなく、軽く叩くようにして使用する。

⑦粉消しゴム

　一枚に広げられる大きな資料の表面の埃を全体的に除去したい場合に使用する。資料表面に粉消しゴムを軽くかけ、手のひらで輪を描くように軽く擦り付けて使用する。しかし、新聞や柔らかい印刷インクを使った資料は、インクの擦れが起こる場合があるので気をつける。

⑧吸引装置（写真なし）

　掃除機などのように強制的に吸引ができる装置。消しゴムの滓の除去や資料表面の埃を除去する場合に使用する。資料を吸い込むおそれがあるため、吸い込み口には必ず、ガーゼや晒し、柔らかなネットなどを被せて使用する。サクションテーブルとは、テーブルの天板全体が吸引口となっている装置である。

【留意点】

　素材によっては消しゴムの滓が劣化の原因になる場合があるため、消しゴムを使った除去作業の後には、必ず滓を刷毛や吸引装置で除去する。

(2) 汚れの除去方法

　作業の時には必ずマスクを着用し、室内に空気清浄機を作動させるなど、換気に注意して行う。

　まず、カビが発生していないかどうかを確認する。カビが発生している場合には、安易に汚れの除去を行うと、室内にカビ菌を拡散させ被害を広げるおそれがある。「カビ害・虫害」（p.47）を参考に、カビ菌を殺傷できる機能付きの空気清浄機を作動させながら、作業を進めるとよい。カビ害が広い範囲で起こっている場合には必ず専門家に相談して作業を進める。

⑺ 天小口 ★

・書架に並んでいる資料

【準備するもの】

　ワイピングクロス、不織布のモップなど

　埃を吸着するワイピングクロスや不織布のモップなどを、書架と資料の天小口の間の隙間に入れ、書架の奥から手前へ埃を掃き出すような動作を繰り返し、ワイピングクロスや不織布のモップに汚れを吸着させて除去する。

・個別の資料
　【準備するもの】
　ケミカルスポンジ、練り消しゴム、ワイピングクロス、刷毛、吸引装置

　小口が平らで揃っている資料に行う。劣化して小口が脆くなっている資料には行わない。ケミカルスポンジ、ワイピングクロス、刷毛、吸引装置などを使用し、図のように資料のノド側から外側へ向け、汚れを除去する。汚れが取れにくい場合には、練り消しゴムで小口を押し叩くようにして埃を吸着させて除去する。

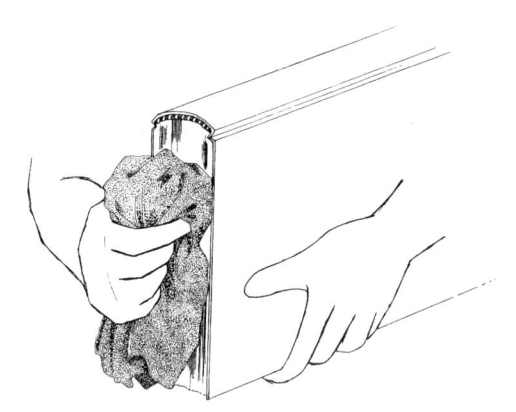

(イ) ノド部 ★
　【準備するもの】
　柔らかな刷毛、吸引装置

　図のように、資料の汚れているノド部を開き柔らかな刷毛で上から下に払う。埃が払われる場所に吸引装置の吸引口を固定させておくと効率的である。

(ウ) 一枚物 ★

【準備するもの】
ケミカルスポンジ、粉消しゴム、練り消しゴム、プラスチック消しゴム、吸引装置

資料の大きさや、劣化による脆弱さをみて道具を使い分ける。
・ケミカルスポンジは比較的つるつるとした紙質の資料に使用する。

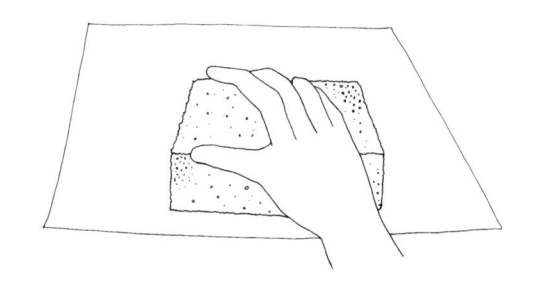

・粉消しゴムも比較的つるつるとした紙質で、インクなどが擦れてもにじまないような資料に使用する。使用方法は資料の全面に粉消しゴムを軽くかけ、手のひらで、輪を描くように軽く擦り付けて使用する。

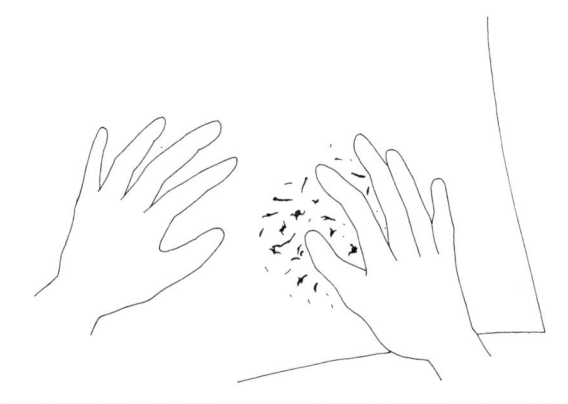

・練り消しゴムは、細長い円筒形に整形し、その円筒を資料の上で転がすようにして使用するか、直径1cmくらいの球状に丸め、資料に軽く押し付けるようにして汚れを吸着させる。

・プラスチック消しゴムは一般の使用方法で使用するが、前後に擦るように使用すると資料を引きずり、損傷させる可能性があるため、片方向のみに力を入れて擦ったほうがよい。

(エ) 図書の装丁 ★★

【準備するもの】
ワイピングクロス、ケミカルスポンジ、練り消しゴム、プラスチック消しゴム

ワイピングクロスやケミカルスポンジを使用し、資料表面を軽く擦るようにして汚れを吸着除去する。部分的に汚れがひどい場合には、前述の方法で、練り消しゴム、プラスチック消しゴムなどを使用してもよい。

資料の表装材料である、金箔・銀箔やマーブル模様などは、消しゴム類の吸着力によって剥離するおそれがあるので注意する。

(オ) 裂けた部分 ★★

【準備するもの】
白紙、プラスチック消しゴム、練り消しゴム

裂け目を広げないように汚れを除去する方法としては、下図のように資料の裂け目に白紙などを挟み、資料と白紙の両方をしっかりと押さえながら、資料側から裂け目へ向けてプラスチック消しゴムで汚れを除去する。資料の劣化が激しく、裂けた部分に白紙が挟めない場合には、直径1cmくらいの球状に丸めた練り消しゴムを、汚れに軽く押し付けるようにして除去していく。

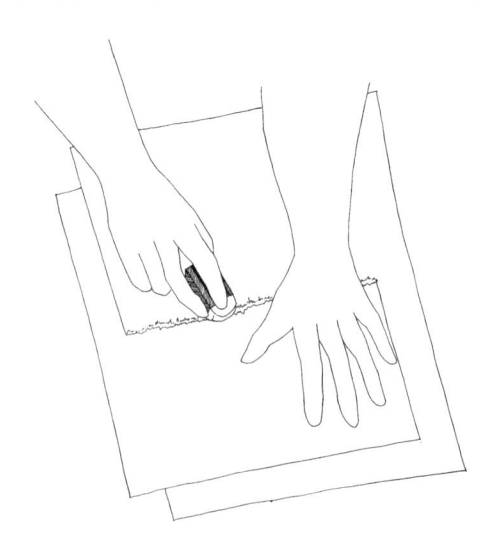

(カ) シミ

資料に染み込んだシミの除去は難しい。除去することで資料を傷めることもあるので、特に処置をせず、時々状態を点検し、汚染が広がっていないかどうか確認をする。どうしても除去しなければならない場合には、それぞれのシミに適応した除去方法があるので、専門家に相談する。

2.5.2 カビ害・虫害

カビ害・虫害は一度発生をすると、保管環境を改善しない限り再発する可能性が高い。問題点を確認し、保管環境を改善し、定期的な清掃とともに点検をすることが大切である。

(1) カビ害

カビ害は保管環境の温度・湿度の変化、書架の配置、空気の停滞などにより湿気が生じて発生する。

(ア) **書庫内でカビ害が広がった場合**

カビの胞子は飛散しやすく、被害が他の資料に広がる可能性が高いため、空調や書庫の構造などの検査が必要になってくる。早急に専門家に相談する。

(イ) **少量の資料にカビ害が見られる場合**

活性化しているカビは他の資料への感染も激しいことから、カビの胞子を撒き散らさないように処置を進めなければならない。このため、まず他の資料からカビ害の発生した資料を隔離し、室内にカビ菌を殺傷できる空気清浄機を作動させる。その後、以下の手順で処置を行う。

【準備するもの】
HEPAフィルター付きの吸引装置、消毒用エタノール、無水エタノール

①カビの胞子の除去

HEPAフィルター（0.3ミクロン以上のものなら粉塵・花粉・細菌を問わず、あらゆる種類の微粒子を99.97％以上除去する性能を持つフィルターの総称）付きの吸引装置で目視できるカビの胞子を除去する。

②固着したカビの胞子の除去

カビの胞子を広げないように、直径1cmくらいの球状に丸めた練り消しゴムを、上から軽く押し付けるようにして除去していく。その際カビの胞子を吸着した練り消しゴムは順次廃棄する。

③カビ菌の殺菌

図書は水分によって変形するため、無水エタノールを使用したほうがよい。一枚物の資料には、水分が30％含まれていて浸透性のよい消毒用エタノー

ルを使用すると、効率的にカビ菌の殺菌ができる。資料の紙質とインクなどの記録材料が耐水・耐エタノール性であるかどうかをスポットテストをして、耐性があれば資料に繰り返し噴霧して処置を行う。エタノールは揮発性が高いため、必ず換気のよい場所で行う。

④カビの胞子を除去した後の色素

　赤・紫・黒といったカビの色素は、漂白しない限り除去できない。どうしても除去したい場合には専門家に相談する。

(2) 虫害
(ア) 防ぐ対策

　虫害を防ぐためには、以下の対策を続けることが確実で効果的である。

・受入れ時の対応

　資料受入れ時に一定期間の隔離観察を行う。

　新刊本は早期提供が望まれ隔離観察が難しいが、古書の場合は一定期間の隔離観察を行うとよい。

・保管環境の整備

　保管環境の整備を行うとともに、定期的な館内点検やトラップ（害虫捕獲器）などを設置する。

・汚れの除去

　閲覧や貸出の返却後、資料に汚れがあれば除去する。

(イ) 虫害が発生した場合の対策

　虫害が発生した場合は拡散を防ぐためにも、まず専門家に相談し、必要があれば燻蒸を行う。ただし、燻蒸は予防処置にならないので、定期燻蒸を行う必要はない。日々の点検による早期発見を心がける。

2.5.3　水濡れへの対処

　水濡れの被害には、資料の取り扱いの不注意でページなどを部分的に濡らしてしまった場合と、水害などのように、書架に並べてある資料全体が水に浸ってしまった場合がある。水害の場合には、大量の資料が浸水し、汚水、泥水、海水など、成分に水以外のものが含まれていることから、すぐに専門家に相談することが大切である。不注意で資料を部分的に濡らしてしまった際も、貴重資料や水滲みが見られる場合には専門家に相談したほうがよい。

　また、被害が大きい場合や、大量の被災資料があり、手当てに優先順位をつけなければならない場合のような最悪の事態には、資料を「取り替える」あるいは「捨てる」という選択肢も検討する。

(1) 資料が部分的に濡れてしまった場合

　基本的には、以下の手順で行うが、ジュースなど水分以外のものが多く含まれている場合には、水で湿らせた清潔なタオルなどで表面を軽く拭き取っておく必要がある。

①濡れた部分の水分を吸い取るために、なるべく早く清潔な白紙を挟む。複数ページに濡れた箇所がまたがっている場合には、濡れたページ1枚1枚に挟むのがよい。

②挟んだ紙が水を吸い取ったら、紙を取り替える。

③①②を少なくとも2、3回以上、水分の量によるが、湿り気が感じられなくなるまで手早く繰り返す。

④湿り気が感じられなくなっても、紙にはまだ多くの水分が含まれているので、そのままにしておくと紙が波打ったり、表紙の厚紙が歪んだりする。そのため、完全に乾くまで資料一点ごとを板に挟んで重しを載せて安定させる。その際、乾かすときに使用した白紙は取り除いてから重しを載せる。板に挟んでおく時間は、資料の濡れた量や厚さなどにより異なるが、板と重しを外してしばらくしても反りや歪みが出てこない様子であればよい。

(2) 水害などで多くの資料が同時に浸水した場合

　まず専門家に相談する。緊急を要する場合には、以下のような応急手当をする。

・資料が収められている場所の温度・湿度を下げて、除湿機、扇風機や換気扇などのファンで空気を循環させる。

・濡れている絨毯や家具を撤去し、資料以外の湿気を帯びているものを室外に出し、部屋を清潔に保つ。

・冊子など、濡れた重みで形状が変化するものは閉じたままにし、変形しないようにする。

・濡れの激しい冊子には、厚さによって異なるが大体20〜30ページごとに清潔な白紙を挿入し、15分以内に取り替えることを繰り返し、水分を抜いていく。

・資料を積み重ねると下層の資料にはかなりの負担になるので原則として積み重ねない。立てても形状の変わらないものならば棚に立て、場所によっては通風のない場所もあるため、資料を置く場所を動かし、大量の資料全体が均一に乾くように工夫する。

・濡れて脆弱になっている資料は歪みが生じやすいため、移動させる際には板などの上に置き慎重に処置をする。

・アート紙、コート紙に関してはページの固着が考えられるため、ページを扇状に開いて空気を入れる。早急に処置し、フリーズドライの適用も考える。

【フリーズドライ（真空凍結乾燥法）】

　水害が発生し大量の資料が被災した場合、特に夏季にはカビが発生しやすいため、早急に資料を乾燥させることが求められる。しかし、すべての資料を迅速に乾かすことが困難である場合、資料をいったん凍結して、損傷の進行やカビの増殖を防ぎ、保管する。その後、優先順位をつけ、資料の凍結を解凍・乾燥させていくという方法がある。

　凍結後の乾燥の方法は数種類あるが、真空タンクの中で減圧して固体である凍結状態から水分を液体化せずに昇華（乾燥）させる方法を、フリーズドライという。

2.6　脱酸性化処置

　脱酸性化処置とは、酸性紙の劣化を遅らせるために、紙の中の酸を中和し、アルカリ緩衝剤を残留させる処置のことである。一般的には、酸性紙の脱酸性化処置効果は、処置を行わなかった資料の3～5倍の延命が見込まれている。

2.6.1　種類

　脱酸性化処置には機械的に行う大量脱酸性化処置と手作業の部分の多い少量脱酸性化処置とがある。また少量脱酸性化処置には水性と非水性がある。

　大量脱酸性化処置は各国でさまざまな方法が行われているが、国内では、DAE法（乾式アンモニア・酸化エチレン法）と酸化マグネシウム微粉末を拡散させた不活性溶液を使用するブックキーパー法がある。

　少量脱酸性化処置の水性処置には、水酸化カルシウム水溶液、炭酸水素カルシウム水溶液、炭酸水素マグネシウム水溶液などを使用する方法があり、非水性処置には水酸化バリウムメタノール溶液を使用する方法、ブックキーパー法などがある。

　いずれの処置を行った場合にも、酸性紙のpHは酸性域から弱アルカリ域へと向上するが、資料の劣化程度や材質により効果の違いや処置の可・不可などがあるため、処置の選択は専門家に相談したほうがよい。また、貴重資料の処置は必ず専門家に任せる。

2.6.2　少量脱酸性化処置

　カーボンブラックインクなどで印刷してある一般的な資料は、処置を行うか否かの判断がつけやすいので、図書館員が館内で行える処置として、水性脱酸性化処置溶液の作り方と使用方法を以下に紹介する。

　この処理は、水性であるため、一枚物の資料はよいが、製本されている資料

は解体する必要がある。

また、スポットテストを必ず行い、水とアルカリに対する耐性を確認する。

シアノタイプ（青写真）、没食子インクやブルーブラックインクで書かれた資料、写真、革装本や色材などは、アルカリに接するとすぐに、あるいは徐々に変化し劣化するものがあるので、脱酸性化処置には不適である。

(1) 水性脱酸化処置溶液の作り方

【準備するもの】

ソーダサイフォン、ソーダカートリッジ、水酸化マグネシウム（または水酸化カルシウム）、水、秤、溶液保存用のペットボトルなどの容器

① 水1ℓに対し、水酸化マグネシウム10g（水酸化カルシウムの場合は1g）を入れ、撹拌する。

② 1ℓ用のソーダサイフォンに①の溶液を入れ、しっかりと蓋をしてソーダカートリッジ（二酸化炭素8g入り）を注入し、ソーダサイフォンを上下によく振った後、冷蔵庫に入れる。

水酸化マグネシウムや水酸化カルシウムは容易には水に溶けない。二酸化炭素を混入して圧力をかけ、溶液を冷やすことで溶解性が増す。

③ 10分～15分おきに冷蔵庫から取り出し、ソーダサイフォンを上下に振り、中の溶液を撹拌するとともに、二酸化炭素を活性化させる。

④ 通常3時間程度③の作業を繰り返し、後は冷蔵庫にソーダサイフォンを立てて静かに置く。

⑤ 翌日、静かに冷蔵庫からソーダサイフォンを取り出し、蓋を開け、ペットボトルなどの気密性の高い容器に静かに移し変える。使用する場合は、水で3～5倍に薄めて使用する。

【留意点】

水酸化マグネシウムや水酸化カルシウムは混入する二酸化炭素の量、水の温度によって溶解度が変わってくることから、ソーダサイフォンの底に溶解しきれない水酸化マグネシウムや水酸化カルシウムが白く沈殿することがある。容器に移し変える際に静かに行うことと、作り方を工夫して無色透明な飽和溶液を作るように心がける。

(2) 使用方法

溶液の与え方としては、①噴霧器で吹きかける噴霧法、②刷毛で塗る塗布法、③液槽の中に資料を漬け込む浸漬法がある。どれを選択するかは、資料やその記録材料の耐水性や紙の強度で判断をする。最も効果が高いのは、資料中の酸性物質を洗い流せる浸漬法である。

2.7 展示

　図書館における展示とは、資料を非日常の環境に置くことであり、資料への負担が大きい。そのため、十分な計画を立て、展示環境を整えたり、展示方法を工夫する必要がある。ここでは、所蔵資料を自館で展示する際の留意点を中心に述べる。

2.7.1 展示の準備

　図書館における展示は、①新収資料や稀覯本・貴重資料の展示、②特集テーマに沿った資料展示、③図書館事業や取り組みのPR、などが考えられる。どのような展示を行うにも、事前の計画と準備が大切である。

(1) 資料の選択と点検

　展示に適した資料は、利用しようとする展示ケースに収まる大きさで、状態のよい資料であることが前提となる。

　展示を行う前には資料の状態を点検し、すべての資料の記録をとる。資料の状態によっては、補修するなど適切な処置を行う。また、展示に耐えられない資料は展示対象から外す。

(2) 展示期間

　展示期間は、通常は1か月程度、長くて2〜3か月である。資料にとって展示は非日常的行為であるため、展示環境や展示方法などによって何らかの影響を資料に与える要因となる。展示が長期間に及ぶ場合は、資料の開きページを時々変えたり、資料自体の展示替えを実施することが望ましい。

(3) 環境整備

　資料を展示する場合には、温度・湿度、光、大気汚染物質および設備、警備に留意する必要がある。

(ア) 温度・湿度

　温度・湿度は、一定の範囲内で、しかも急激な変化を最小限に押さえるよう管理しなければならない。空調設備が整っていても、一時的に運転を停止したことで温度・湿度に影響が出ることもある。機械空調によって温度・湿度の両方を常に一定に保つことはコスト的に難しい。この場合は湿度対策を中心に考える。その対策としては、展示ケース内に調湿剤を入れたり、密閉性の高いエアタイトケースを使用することがあげられる。

　また、近年開発された調湿紙は、透過性の高い段ボール箱内でも効果を発揮

している[1]ことから、調湿紙を展示ケース内に配置しておけば、展示ケース内の安定した環境を維持することができる。なお、調湿紙には、展示ケース内に侵入した汚染ガスを吸着する性質もある。

(イ) 光

　資料は光に曝されることで、累積的かつ不可逆的な損傷を受ける。よって、展示の際はできる限り露光量（光の総量）を押さえる工夫をする。紫外線は資料を退色させ、赤外線は熱で資料に害を及ぼす。なかでも、高エネルギーの紫外線が最も有害なので、それを減らすことが大切である。そのためには、露光量を確認し、できるだけ光を遮断することが望ましい。その対策方法を以下にあげる。

・紫外線を多量に含む直射日光が当たるような場所に、展示室や展示ケースを設置することは避ける。
・外光が入る設計の建物の場合は、カーテンやブラインドを設けたり、窓ガラスに紫外線防止フィルムを貼るなどの措置をする。
・照明用に使用される一般の蛍光灯は紫外線の含有量が多いので、紫外線防止型蛍光灯にしたり、一般蛍光灯に紫外線除去フィルターを取り付けるなどする。
・調光できない展示ケースは、展示ケース内の蛍光灯の本数を減らしたり、コンセントに差し込むだけの簡便な調光機を利用する。
・光の取り入れ方や照明の仕方を工夫したり、人感センサーを取り付けて観覧者が不在の場合は、照明を落とす方法もある。

　なお、露光量は照度×時間で測る。彩色を施した資料や、新聞紙、手書き原稿、水性インクなど光に対して敏感な素材の資料は、50〜70ルクス以下で、1日あたり最長8時間、日数は最長でも60〜90日の展示が望ましい[2]。『IFLA資料保存の原則』(1986)では「年間50,000ルクス時を超えてはならない」とされている。

　　注1）稲葉政満『図書館・文書館における環境管理』（シリーズ・本を残す⑧）　2001年　p.54〜58

　　注2）エドワード・P. アドコック編『IFLA図書館資料の予防的保存対策の原則』（シリーズ・本を残す⑨）　2003年　p.57

(ウ) 展示ケース

　化学的に安定していて、汚染ガスが発生しない材料を用いた、ある程度重量のある施錠可能な専用展示ケースの利用が望ましい。より慎重を期すならば警備装置が付いたものがよい。アクリル製の軽量タイプの展示ケースは可動は容易だが、観覧者が寄りかかったりした際に、思わぬ事故につながる危険性もあるので注意が必要である。また、強化ガラスを使用していない展示ケースでは、ちょっとした力でガラスが割れて飛散し、中の資料が損傷してしまうこともある。震災に対応した免震タイプの展示ケースも販売されている。

(エ) セキュリティ

　近年は機械警備を多用する傾向にあるが、機械の誤作動の確率はかなり高いため、機械警備のみに頼るのは危険である。施錠可能な展示ケースに資料を展示したとしても、展示室には会場全体を見渡せる最低限の人の配置が望まれる。これは、利用者から資料に対する説明を求められた時に対応するにも有効である。また、警備対応が十分にとれないロビーなどで展示する場合には、少なくともカウンターの職員から見える場所に展示ケースを配置するなどの工夫をする。

2.7.2　展示の注意点

(1) 図書・版本

　図書や版本のページを開いて展示する場合には、ページを広げる角度は120度まで、傾けて展示する場合は水平面に対して20度までとし、背表紙に過重な負担がかからない展示方法をとる。そのためには、支持台を利用して資料への負担を軽くする方法や、資料の裏側に資料の厚さに合わせた箱や当て布を敷く方法がある。

　開いた状態を維持するためにガラスやアクリルの文鎮などが使用される。これらは、それ自体の重みで資料に負担をかける。開いたページの両端を短冊状

に切ったポリエステルテープや、少し見にくくなるが、短冊状に切った和紙などで止めるとよい。ポリエステルテープを使用する際には、小口部分に和紙の小片を別に当て、その上から止めると資料を傷めない。

　なお、展示資料に直接触れる備品は、化学的に安定していて無害なものを使用する。一枚物の資料を挟むマットボードや台紙は、中性紙を使用する。

(2)　巻子本・掛軸

　巻子本・掛軸の取り扱いの注意点は、「巻子本と掛軸の取り扱い」(p.83) を参照してほしい。展示する際は、以下の点にも注意する。

・巻子本

　長く広げて展示する場合には、決して一人では扱わない。広げた部分の固定には、版本の展示同様の配慮が必要である。

・掛軸

　掛け金具に掛けた時、たるみや反りが生じることがある。これは湿度が関係している場合もあるので、資料が落ち着くまでしばらく様子を見る。どうしても反るようであれば、上下をナイロン釣糸やアクリルの小片で軽く止める。

2.7.3　展示後の作業

　展示期間が終了したら、一刻も早く資料を安定した状態に戻すことを心がける。その際、資料の状態を展示前の状態記録と照らし合わせて確認し、気づいた点があれば記録する。展示前はほとんど問題がないような損傷でも、展示後はかなり大きくなっていることもある。展示後、利用率が高まる資料もあるので、損傷に気づいたら補修をしたり、補修ができない資料は保存容器に入れて保護するなど、次の利用への準備も大切である。

　また、同一資料を短期間に繰り返し展示することは、資料にとって負担が大きい。脆弱な資料や貴重資料などは、展示期間に制限を設けることを検討しておく必要がある。

2.7.4 展示資料の借用・貸出

　図書館の展示は、通常自館の資料を自館で展示する場合が多い。しかし、展示のテーマによっては館外から資料を借用する場合もある。また、反対に館外に資料を貸出する場合もある。

(1) 借用・貸出の注意

　資料を館外から借用する場合は、事前に借入先の担当者と搬出入日やその方法について綿密な打ち合わせを行っておく。特に文化財などの貴重な資料の場合、展示室や展示ケースの仕様および展示環境に関するさまざまなデータ（p.100「展示環境記録」）の提出や、資料専用の輸送車の手配、万一の事故に備えて保険に加入しておくなどの措置を求められることがあるのでよく確認しておく。

　なお、搬出入に際しては、資料の安全確認のためにも薄葉紙や段ボール箱などの梱包材料と梱包技術を知っておく必要がある。

(2) 記録化

　資料を館外から借用する場合でも、資料を館外に貸出する場合でも、搬出入の段階で行わなければならないのが資料の現状を記録することである。まず、借用前に通常は貸借双方の担当者による資料の状態検査が行われる。その際には、スケッチをとったり、場合によっては写真を撮ったりして、資料の現状確認を行う。また、返却時は再度の状態検査を行う。借用時に借用者側で資料検証記録（p.101）のような記録紙を作成し、担当者双方で持ち合えば、返却時の確認の際に有効な資料になる。

第3章　治す技術

　資料が物理的なモノである以上、劣化や損傷は避けられない。このマニュアルの前半では、図書館業務の流れに沿って、資料の劣化や損傷を「防ぐ」処置を紹介してきた。しかし、こうした処置を講じても、利用頻度が高く、損傷が広がっていくおそれがある資料には、「治す」処置が必要である。

　本章では、図書館員が日常業務の中で行うことができる補修方法の一例をわかりやすく紹介する。補修は早期に行うことで、それ以上の劣化や損傷を「防ぐ」ことができる。

3.1　金属の留め具や針金綴じなどの除去　★

　資料に使われているステープル、針金などの金属針は紙を破りやすく、ページが外れる原因となる。また、次第に錆が生じて紙自体を腐食していく。このため、長期に保存する資料は、受け入れた時点で金属針を除去し、紙縒り（こより）や糸などに取り替える。対応されないまま、すでに錆が生じている資料には早急な対応が必要である。なお、金属製のクリップやピンなども同様である。

【準備するもの】
　綴じ糸（木綿糸や麻糸）、紙縒り、針、ニッパー、ハサミ

(1)　ステープルや針金で冊子を綴じてある場合
①ステープルや針金を小さなニッパーなどで起こして切断、除去する。
②なるべく元穴（元の穴）を利用して、糸で綴じ直す。
　図のように糸を通し、最後に全体の糸が緩まないように確認して、最初通した糸ときつく結び合わせる。結び目がふくらんでいるので、叩いて平たくする。

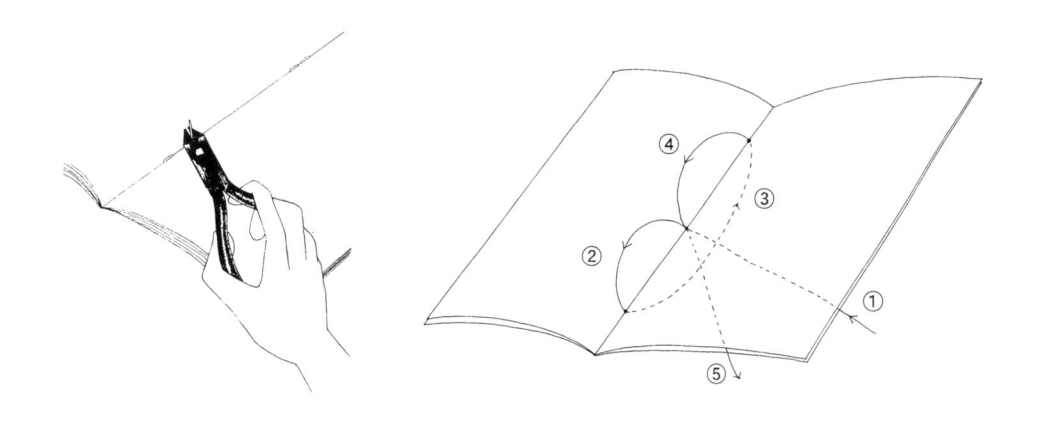

(2) ステープル、虫ピンなどで資料を止めてある場合
①ステープル、虫ピンを除去する。
②既にあいている穴を利用し、その穴に紙縒りを通して結ぶ（p.91 「和装本・中綴の補修」）。

(3) クリップで資料を止めてある場合
①クリップを除去する。
②穴をあけてもよい資料には、2穴をあけ紙縒りで綴じる。穴があけられない資料は、散逸しないように中性紙で作った封筒などに入れておく。

3.2 セロファンテープや補修テープなどの除去 ★★★

資料の補修に使用されている補修材として、セロファンテープや補修テープなどがある。セロファンテープは非水性の粘着層とセロファンからなる感圧式のテープである。補修テープは和紙や不織布と水性または非水性の糊層からなり、感圧、熱圧着、湿り気を与えるなどの方法で糊層を粘着層にして貼付する。

化学的に安定していない粘着層をもつテープは、資料に貼付された後、時間が経つにつれ劣化し、粘着層が変化する。そのため資料が変色する場合がある。また記録された情報を不透明の補修テープで隠してしまっている場合もある。

こうしたセロファンテープや補修テープは、一度使用すると元の状態に戻すことが困難である。このため、長期に保存する資料には適さない。例外として、短期間の利用を保証するために使用される場合がある。

(1) セロファンテープの除去
図書館内でセロファンテープの除去を行う場合、上面のセロファン部分は剥離できても粘着層は除去できないことが多い。粘着層が残っている場合は他の資料への接着が考えられるため、専門家に相談する。

(2) 補修テープの除去
資料に汚れが付着している場合には、剥離作業によって汚れが定着してしまうことがあるため、必ず汚れの除去を事前に行う（p.41）。

水溶性の糊が使用されている補修テープは、水や湯で剥がせる可能性がある。非水溶性の糊が使用されている補修テープは、エタノールや低温アイロンで剥がせる可能性がある。スポットテスト（p.14）で水、湯、エタノール、低温アイロンに対する耐性を確認し、また、剥がせるかどうかも確認して方法を選択する。

【準備するもの】
　水、湯、エタノール、アイロン、綿棒、ピンセット、濾紙などの吸取紙

⑺　水・湯で剥がす

　剥がす箇所に水または湯で湿らせた綿棒を押し当て、粘着層の部分が柔らかくなったことを確認し、その後ピンセットなどで補修テープの端を捲り、除去していく。

　劣化している資料はシミになりやすいため、吸取紙としてティッシュペーパーやキッチンペーパー、濾紙などを用意しておき、水分を与え過ぎてしまった場合には、すぐに水分を吸い取る。補修テープに使われている糊の種類や濃さによって、剥離の程度が異なるため、水分や温度、浸透時間をいろいろ試しながら除去を進める。

⑷　エタノールで剥がす

　剥がす箇所にエタノールで湿らせた綿棒を押し当て、エタノールを浸透させ、その後ピンセットなどで補修テープの端を捲り、除去していく。

　エタノールを与え過ぎてしまった場合には、ティッシュペーパーやキッチンペーパー、濾紙などの吸取紙で吸い取る。水や湯の場合と同様に、エタノールの浸透量や浸透時間をいろいろ試しながら少しずつ除去を進める。

【補足】

　水・湯・エタノールで剥離した後、粘着層が資料に残っている場合は、それぞれの液体で綿棒に湿らせ、粘着層を柔らかく擦って除去をする。その際、一度に多くの量を除去しようとせずに、少しずつ、紙を毛羽立たせないように、柔らかく除去を行う。

㈦　低温アイロンで剥がす

　水・湯・エタノールのいずれでも剥がれにくいものでも、極低温のアイロンの先を補修テープに当てると剥がすことが可能なものもある。資料にアイロンが直接触れないようにキッチンペーパーなどを当て、補修テープの端に極低温のアイロンの先を当てる。アイロンとキッチンペーパーを取り外し、ピンセットで補修テープの端が持ち上がるかどうかを確認する。可能であれば、剥がす部分にアイロンを当てながら少しずつ除去を進める。

　粘着層によっては、逆に粘着層が緩み、資料の紙繊維間に浸透してしまう場合がある。くれぐれも、小部分で試しながら、除去を進めるようにする。

3.3　フラットニング　★★

　巻き癖や折り癖が付いてしまった資料を、平らに伸ばす処置をフラットニン

グという。方法は以下の二通りある。ただし、手稿本や古地図、水溶性の材料が使用されている資料は、必ず専門家の意見を聞く。

(1) 噴霧器を使用する方法

【準備するもの】

噴霧器、水、濾紙、濾紙よりも一回り大きな板、重し

①資料両面の汚れを除去し（p.41）、資料の耐水性を確認する（p.14 「スポットテスト」）。
②資料の裏面に、濡れない程度に軽く、噴霧器で湿り気を与える。
③形状を整え、表裏両面から濾紙に挟み、平らな板などで押さえ、重しを載せる。最初は軽い重しを載せる程度にとどめ、資料の状態を確認しながら、徐々に重い重しに変えていく。目安としては、新聞紙大程度であれば6kgの重しを四隅に、それより小さければ2個、大きければ6個が適当であるが、紙の厚さや伸び率で重さと個数を調整する。

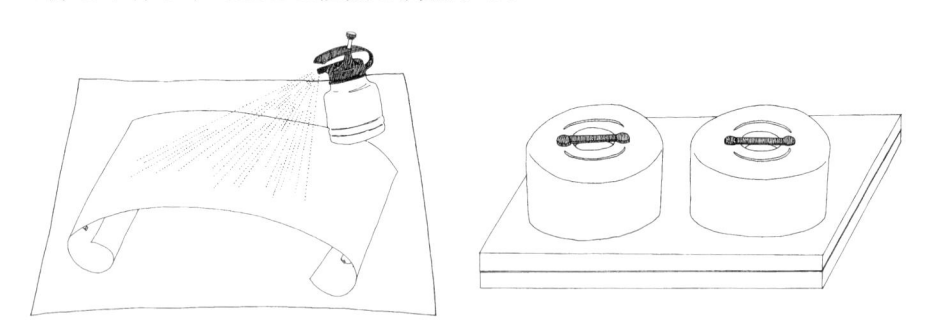

④②〜③を繰り返し、徐々に癖を伸ばしていく。
一度に伸ばそうとして水分を与え過ぎないように注意する。

(2) 容器を使用する方法

【準備するもの】

ポリ容器（小）、蓋付きポリ容器（大）、水、濾紙、濾紙よりも一回り大きな板、重し

①資料両面の汚れを除去し（p.41）、資料の耐水性を確認する（p.14 「スポットテスト」）。
②資料が縦にすっぽり入るようなポリ容器（蓋なし）を用意する。
③②の容器より大きい容器（蓋あり）の底に水、または湯を入れて、その中に②の容器を入れる。

④資料を内側の蓋なしの容器の中に入れ、外側の容器の蓋を閉める。
⑤5〜10分おきに資料の湿り具合を確認し、湿気を感じられるようになったら、すぐに濾紙に挟み、板などの平らなもので押さえ、重しを載せる。
⑥④〜⑤を繰り返し、徐々に癖を伸ばしていく。
　一度に伸ばそうとして水分を与え過ぎないように注意する。

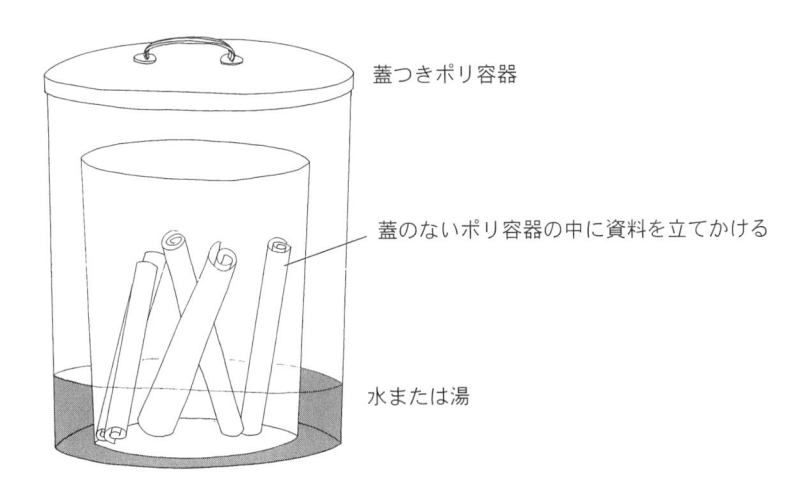

蓋つきポリ容器
蓋のないポリ容器の中に資料を立てかける
水または湯

3.4　ページの補修　★★

　ページが破れてしまった場合、市販されている品質の安定した補修テープを使うと便利である。しかし、補修テープにはさまざまな問題がある（p.58）。長期に保存する資料については、和紙と生麩糊を使って補修する。
　なお、補修した部分はどうしても丈夫で硬くなるので、劣化した紙では特に周りの部分に悪影響を及ぼしやすい。補修すべきかどうかも含めて、慎重に対応する。

【準備するもの】
　生麩糊、和紙、水、筆、ヘラ、ピンセット、定規、カッターナイフ、濡れタオル、ボード（紙）、板、重し、白紙、筒状紙ヤスリ

①水に濡らした筆で、ページの破れより少し大きめに和紙をなぞり、手でちぎる。図のように和紙の繊維（喰い裂き）を利用すると、貼った時に段差が付きにくくなり、元の素材となじんで、自然な仕上りになる。使用する和紙の厚さは薄いほどよい。しかし、薄すぎると作業が難しい。2匁程度であれば印刷された情報も透けて見えるし、扱いやすい。
②和紙に、筆で生麩糊をまんべんなく均一に塗る。塗り過ぎに注意し薄く塗る。

③破れている部分の下にボードなどを入れて平らにして、紙の目を合わせて和紙を貼り、ヘラなどを使ってページとなじませる。かたく絞った濡れタオルでその部分を押さえておくと、余分な糊が取り除かれると同時に、糊をより一層なじませることができる。

④和紙を貼ったページの前後に白紙を挟み、水分を吸い取る。

⑤そのまま乾かすと紙が膨潤して歪みがでるため、資料の上下を板で挟み、重しを載せて乾かす。

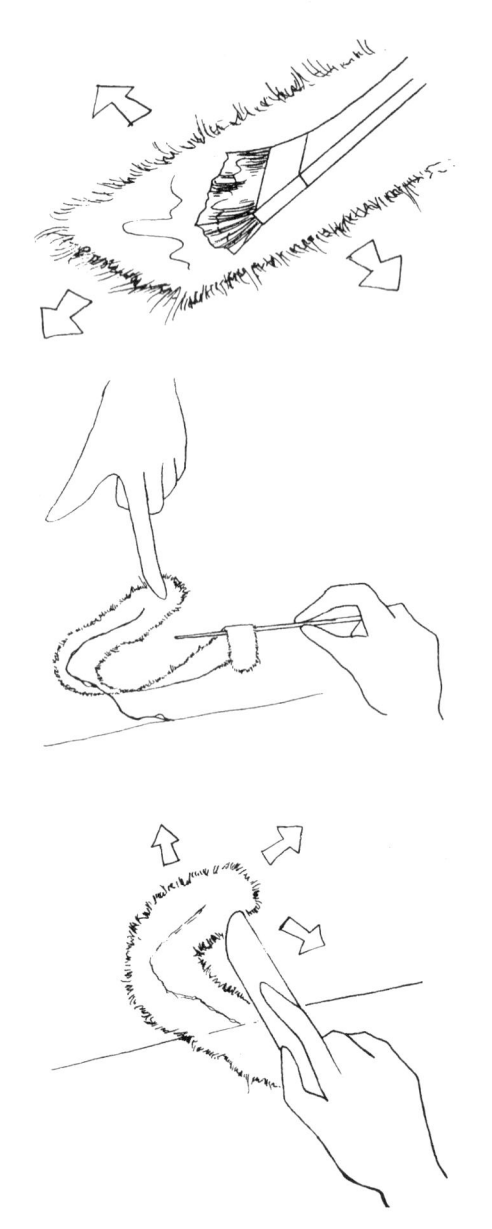

⑥貼った和紙のはみ出た部分は、乾いてからそのページの下にボードなどを入れて定規を当て、カッターナイフで切り落とすか、筒状紙ヤスリ（ラップの芯や紙を巻いて作った芯に紙ヤスリを巻き付けて筒状にしたもの）で削ぎ落とす。

筒状紙ヤスリ

はみ出た部分

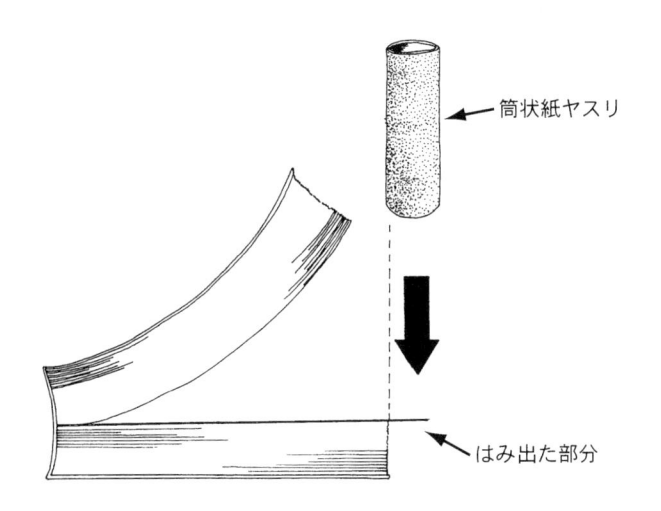

【ページの一部が欠損した場合】
　破れの場合と同様の方法で、欠損部分より少し大きめにちぎった和紙を用意する。和紙の厚さは本紙と同程度以下がよい。和紙の喰い裂き部分と本紙の破れた部分をつなげるように生麩糊で接着する。他の注意点は破れの場合と同様である。

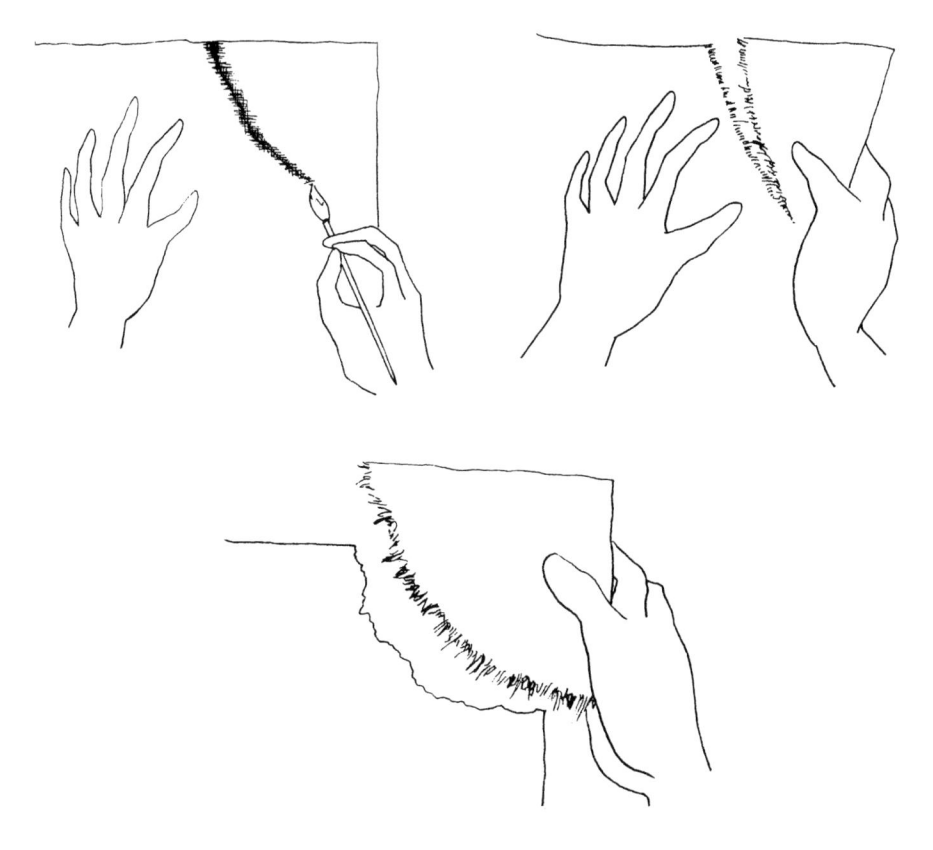

【リーフキャスティング処置】

専門機関に委ねられる処置方法として、リーフキャスティング処置がある。これは水に拡散させた紙繊維を資料の欠損部に流し込み、資料の下方から強制吸引することで欠損部に紙繊維を集め、補塡するという方法である。

充塡する紙繊維は楮、三椏、雁皮、パルプなどを資料に合わせて種類や繊維の長さを選択し、時には調合して使用する。

リーフキャスティングの方法には、吸引式と水頭圧式の2種類があり、前者は吸引装置で下方から吸引する方法で、後者は大小の水槽の水頭差圧から生まれる吸引力を利用する方法である。

特徴としては、欠損部に適量の紙繊維を充塡させるので資料の厚みがほとんど変わらず、資料に記録されている情報を隠すことなく欠損部を補塡することができる。ただし、この処置は1枚ごとの作業になるため、製本されている資料は解体する必要がある。

リーフキャスティング

3.5　ページの抜け落ちの補修　★

無線綴じの資料の場合、ページが抜け落ちることがよくある。大量に抜け落ちたり、次々に抜け落ちそうな場合は、解体して製本し直したほうがよい（p.75「無線綴じの資料の補修」）。

しかし、抜け落ちが数枚で、他の部分がしっかりしている場合は、応急処置として、そのページだけ糊付けしてもよい。糸綴じの資料の場合は、切れた糸

を糊で止めて、損傷が広がらないようにしておく。

【準備するもの】
　糊（生麩糊または薄めの混合糊）、筆、刷毛、定規、カッターナイフ、濡れタオル、ボード（紙）、板、重し、白紙、筒状紙ヤスリ

①抜け落ちたページのノドの部分に細く（3mm幅以下）糊を塗る。
　下図のように白紙を当てて糊を塗る部分だけ細く覗かせて塗るとよい。

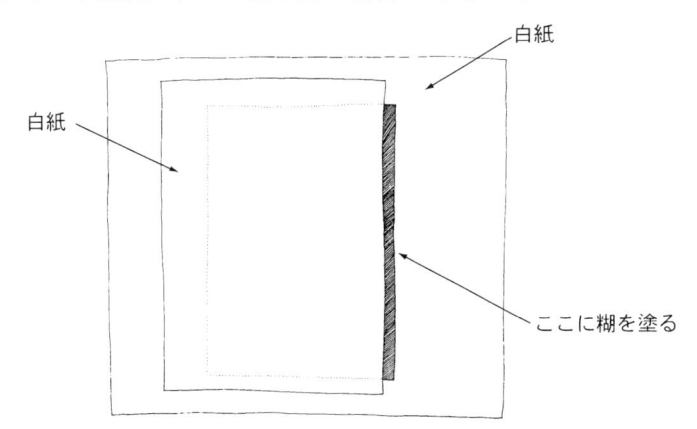

②本体をよく開いて糊の付いたページを差し込む。
　差し込むページの前小口と天地の部分を、本体ときちんと合わせ、動かないようにして、ノドの部分を定規の薄くなった方などを使って押し込むとよい。
③資料の上下を板で挟んで、重しを載せて乾かす。
④差し込んだページが本体からはみ出したら、そのページの下にボードなどを入れて定規を当て、カッターナイフで切り落とすか、筒状紙ヤスリで削ぎ落とす（p.63「ページの補修」）。

3.6 ノド部の補修 ★

　ハードカバーで重い資料やよく利用される資料の場合、表紙と中身をつなぐ見返しがノドの部分で剥がれてくることがよくある。早めに手当てすることによって、それ以上の損傷を防ぐことができる。

【準備するもの】
　糊（濃いめの混合糊）、筆、刷毛、ヘラ、濡れタオル、板、重し、
　編み棒（または竹串）、シリコン塗布紙

①編み棒（竹串でもよい）に糊を均等にたっぷりつける。

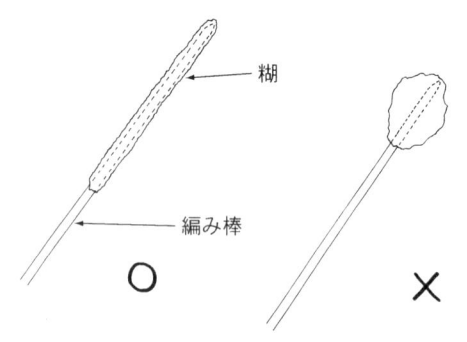

②糊が浮いたノドと溝の部分に、糊のついた編み棒を差し込み、糊を溝に塗り、さらに見返しの剥がれた部分にも擦り付けておく。天の方からと地の方からの両方から編み棒を入れる。回しながら塗ると均等につく。
　図のA部分を糊で付ける。B部分は付けてはならない。

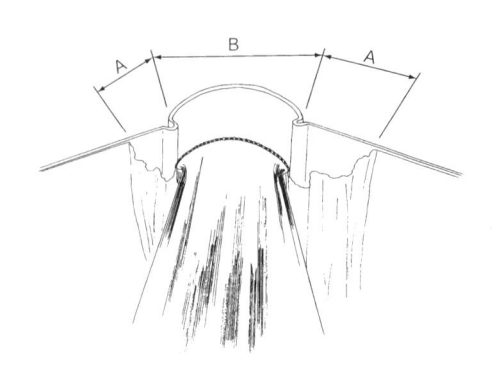

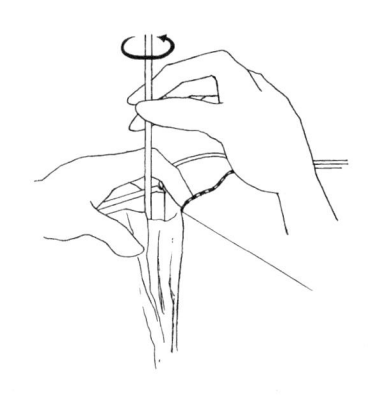

③資料を閉じて平らに置き、ヘラを使ったり、編み棒を溝の部分にしっかり当てたりして、溝をきちんと作る。編み棒の太さは溝の大きさに合わせるが、目安は4号前後である。

はみ出た糊は拭き取っておく。

④糊がはみ出て、余分なところが接着することがあるので、表紙と見返し（遊び）の間にシリコン塗布紙を挟んでおく。この状態で上下を板で挟み、1時間ほど重しを載せて乾かす。

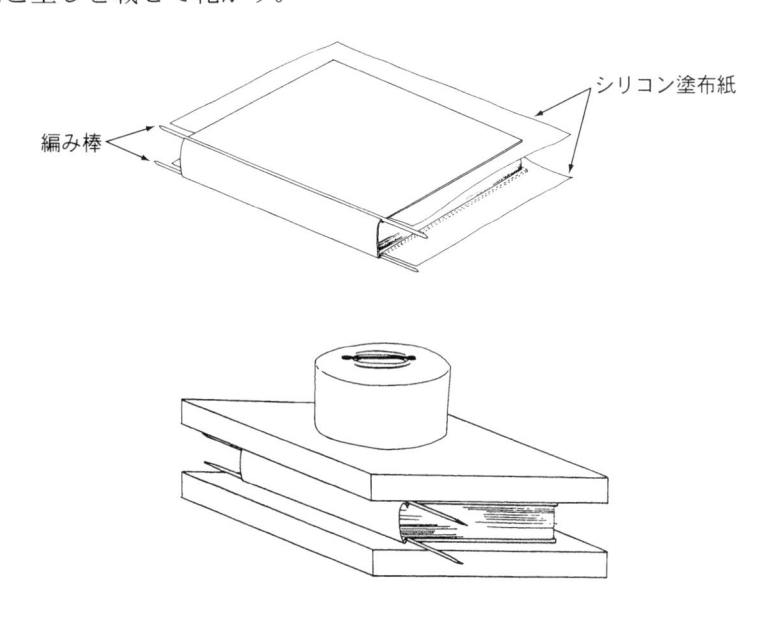

3.7 背の取れた資料の補修　★★★

ハードカバーの資料で、溝の部分が切れかかっていたり、中身はしっかりしているのに、背の部分が取れてしまったりしているものがある。ここでは、元の背を生かして、新しく背を作る補修方法を紹介する。元の背を生かすため、書架に並んだ印象が変わらない。

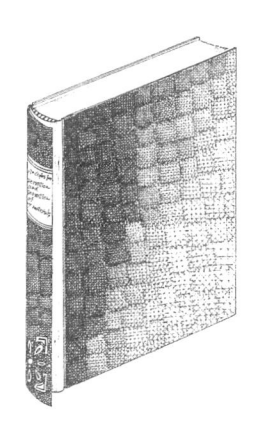

【準備するもの】

糊（濃いめの混合糊）、中性紙（クータ用）、地券紙（背芯用）、クロス、筆、刷毛、ヘラ、ピンセット、ハサミ、定規、カッターナイフ、カッターマット、濡れタオル、乾いたタオル、板、重し、白紙、紙ヤスリ、編み棒、シリコン塗布紙

①背を取り外す。

　背が取れかかっているものは、カッターナイフやハサミを使って、溝の部分で表紙と切り離す。中身の背の部分で、剥がれかかっているところは取り除いてしまうか、きれいに糊付けしておく。花布もきちんと付けておく。

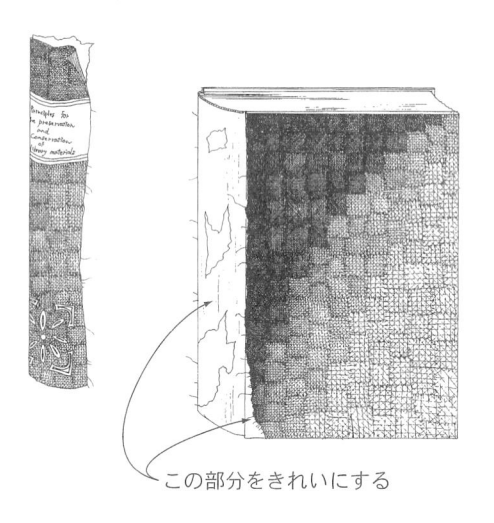

この部分をきれいにする

②クータを作り、中身の背に貼る。

　クータは中性紙で作る下図のような筒を平らにしたものである。背幅の3倍の紙を三つ折りにして、重なる部分を貼り合わせて作る。

　クータを付けると背が丈夫になるので、ここでは、クータを付ける方法を紹介する。クータを付けない場合は、p.71を参照。

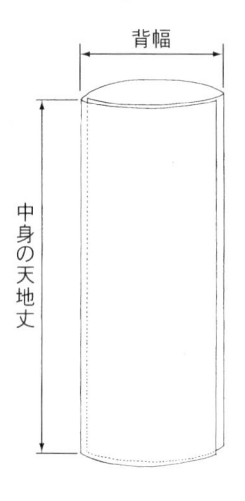

背幅

中身の天地丈

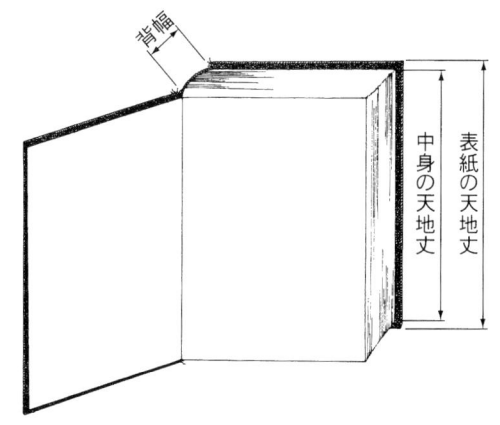

クータの片面（一重の側）に糊をまんべんなく塗って、背に貼る。その上から白紙を当てて、ヘラなどを使ってよく擦り、背から取れないようにしっかり付ける。

③新しい背を作る。

新しい背にはクロスを使う。クロスにはいろいろな種類のものがあるが、なるべく補修する本の表紙の素材や色に合ったものを選ぶ。

下図のように、まず背芯紙（地券紙を使うとよい）を糊でクロスの裏に貼る。次に上下A・Bの部分に糊を塗って折り返す。

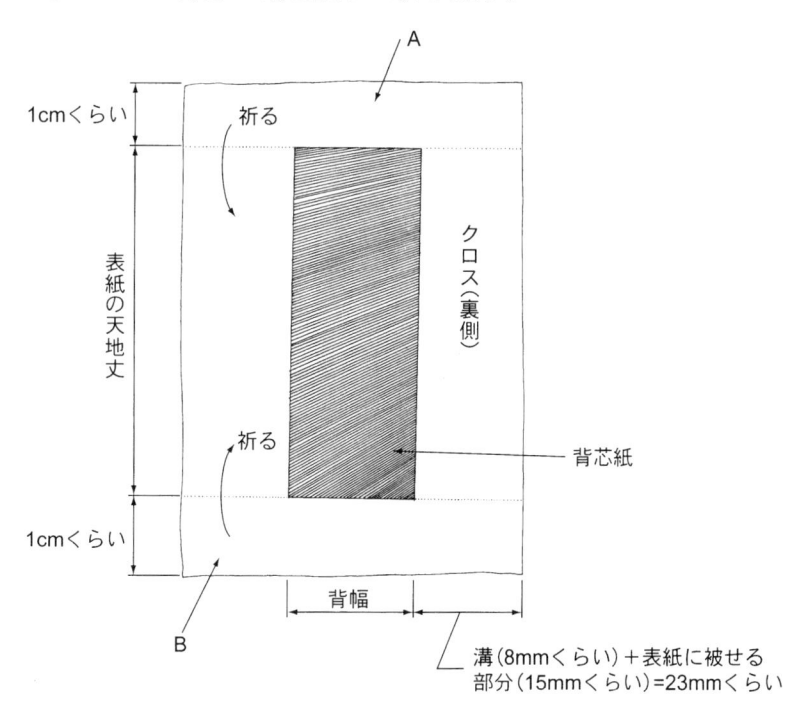

「表紙に被せる部分」の寸法は、表紙に文字や絵などの情報がある場合は、適当に小さくしてよい。

④新しい背を本体に付ける。あらかじめ机の角などを使って、背芯の部分に丸みを付けておくと、後の作業がやりやすい。

まず、新しい背のCの部分に糊を塗り、表紙の片側に貼る。貼った部分に白紙を当てて、乾いたタオルで上からよく擦っておくと、しっかりと付く。ヘラを使ったり、編み棒を溝の部分にしっかり当てて、溝をきちんと作る。はみ出た糊は拭き取っておく。

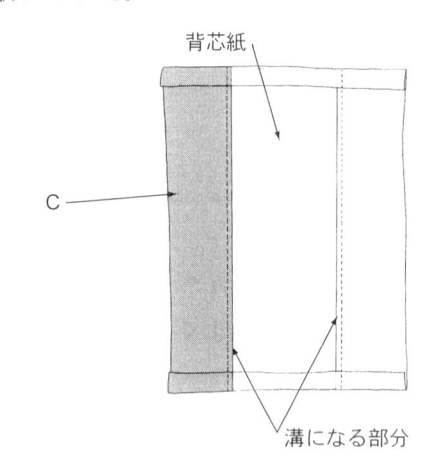

次に、Dの部分に糊を塗り、くるむようにしてもう一方の表紙に貼る。作業の方法はCの部分の時と同様である。

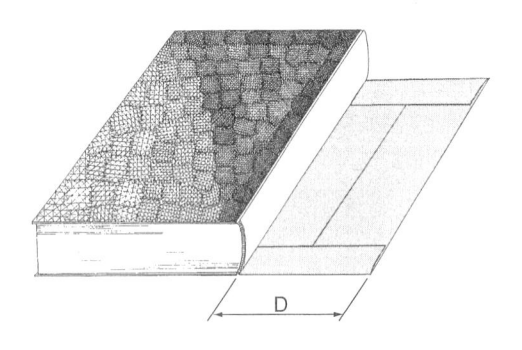

⑤糊がはみ出て、余分なところが接着することがあるので、表紙と見返し(遊び)の間にシリコン塗布紙を挟んでおく。この状態で上下を板で挟み、重しを載せて1時間ほど乾かす。

⑥元の背を薄く剥がして、新しい背に貼る。

背にはボール紙や地券紙などが芯紙として貼ってある。それをできるだけ取り除き、薄くする。生かしたい部分の方を押さえて、取り除きたい部分を引っ張って剥がしていく。筆や濡れタオルで湿らせて少しずつ取り除いていって

もよい。

　薄くできたら、四方を切り落とす。縁を紙ヤスリで擦ってさらに薄くしておくと剥がれにくく、貼った時に段差ができず、仕上りもきれいになる。

　薄くなった元の背の裏に糊を塗り、新しい背の上に貼る。

　上から白紙を当ててよく擦る。この時、貼った背が動かないように注意する。

【クータを付けない場合】

　新しい背をくるむ④の時に、下図のように背芯紙の部分に糊を塗ってはならない。

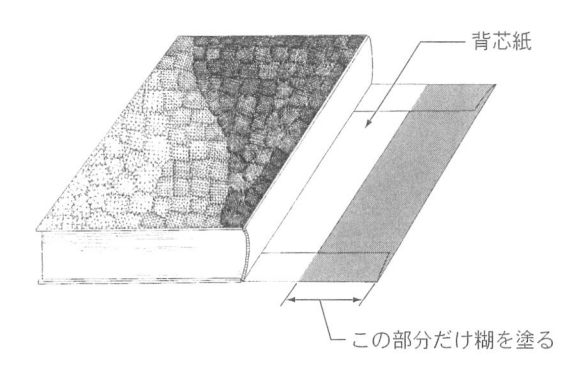

背芯紙
この部分だけ糊を塗る

【クロスの段差を解消する】

　今までの方法では、新しい背のクロスが表紙に被さったところと表紙との間に段差ができてしまう。これが気になるようであれば、新しい背のクロスが被さる部分だけ元の表紙のクロスを取り除けばよい。ただし、元の表紙のクロスを残す必要がある場合には適用しない。

　取り除く部分に定規を当て、カッターナイフで表紙のクロスに切り込みを入れ、外し取る。新しい背のクロスと表紙のクロスが、重なることなく突きつけでぴったり合うように採寸などに注意する。

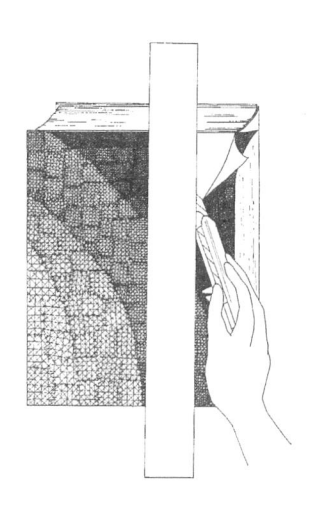

3.8　表紙の外れた資料の補修　★★★

　ハードカバーの資料で、中身はしっかりしていて、表紙もまだ使えるが、見返しと寒冷紗が破損して、表紙と中身が離れてしまった資料を補修する方法である。背固めを再度行い、表紙をくるみ直す。補修方法は資料の破損状況によっていろいろ工夫できるが、ここではその一例を紹介する。なお、元の見返しを生かしたい場合は、これとは違った方法が必要になる。技術的に少し難しくなるのでここでは触れない。

【準備するもの】
糊（濃い混合糊…背固め・くるみ用、薄めの混合糊…その他の作業用）、中性紙（見返し用）、裏打ちキャラコ、筆、刷毛、ヘラ、ピンセット、ハサミ、定規、カッターナイフ、カッターマット、濡れタオル、乾いたタオル、板、重し、白紙、編み棒、生麩糊（またはメチルセルロース）、締め機（手機械）

①表紙と中身を完全に分離する。
②次に中身を手でしっかりと押さえて、見返し（遊び）を端から引っ張って剥がす。
③表紙に貼られている見返し（きき紙）は、端からヘラなどを使って丁寧に剥がしていく。筆や濡れタオルなどで水を含ませながら剥がしてもよい。全部きれいに剥がす必要はないが、できるだけ剥がす。
④中身の背に付いている膠などの接着剤や寒冷紗などを、ヘラやピンセットで取り除く。この時、綴じ糸を切らないように注意が必要である。
　きれいに取り除くためには、中身を締め機（手機械）などで挟んで背を上に向け、垂れてこない粘度の生麩糊やメチルセルロースをたっぷりと塗る。15分ほどすると元の接着剤がふやけてくるのでヘラなどで擦り取る。最後にかたく絞った濡れタオルで拭くときれいになる。膠は暖まると溶けやすい性質があるので、生麩糊やメチルセルロースを電子レンジで10秒ほど暖めておくと短時間で作業ができる。
⑤新しい見返しを中身に貼る。

見返しには少し厚めの中性紙を使う。中身の寸法に合わせて、表と裏2枚の見返し（二つ折りにしたもの）を作る。

中身のノドの部分に、のりしろ3mm程度で糊を塗り、二つに折った見返しの折り山側を貼る。よく押さえてしっかりと接着させて乾かす。

丸背で、図のように山出ししてあるものについては、山の部分が糊付け部分になる。この場合、見返しは定規や机の角を使って山の形に合うように折り曲げて、丸くしてから貼るとよい。

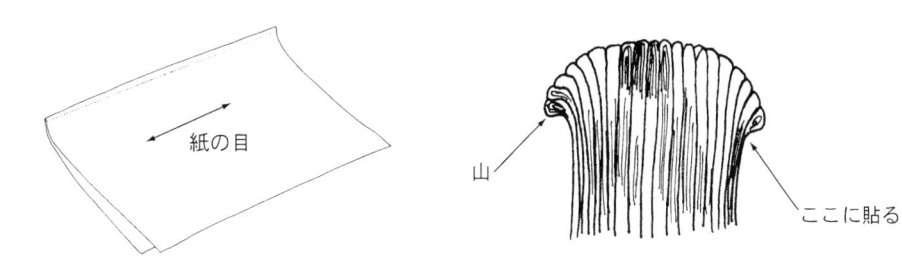

⑥背固めをする。

中身の天地より上下約1cmずつ短めで、幅は背幅より左右約2～3cmずつ大きめの裏打ちキャラコを用意する。寒冷紗でもよいが、寒冷紗は弱いので裏打ちキャラコをすすめたい。

背全体にまんべんなく糊を塗って、裏打ちキャラコの布面（ザラザラした面）を貼る。白紙を当て、上からヘラや乾いたタオルなどでよく擦ってしっかり糊付けし、形を整えて、よく乾かす。

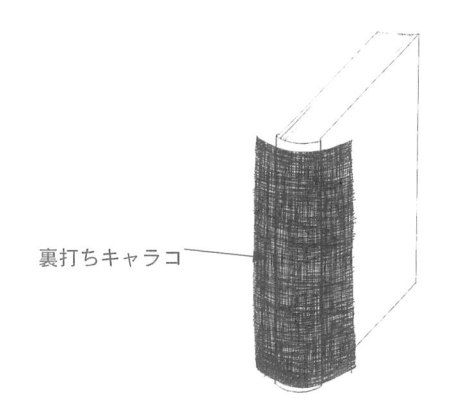

⑦花布を付ける。

元の花布を使う場合、取れかかっていたらきちんと付けておく。また取り替える場合は、新しい花布を背幅に切って糊で付ける。

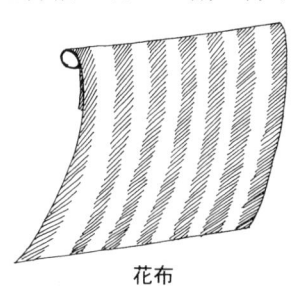

大型本などで、背を丈夫にしたい場合は、この後、背の全体に地券紙を貼る。また、クータを貼ってもよい(p.68)。

⑧表紙と中身をつなぐ(くるみ)。

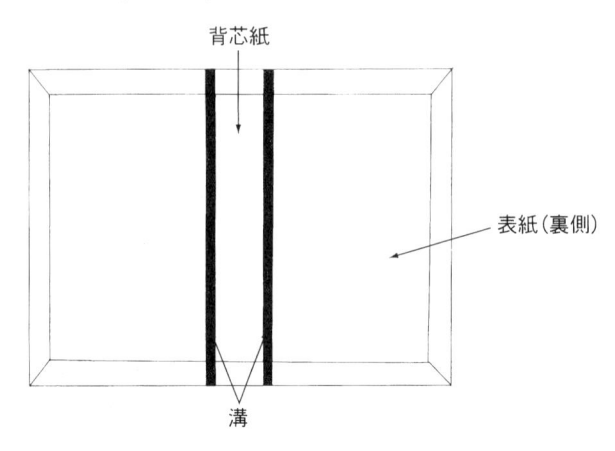

溝の部分に糊を塗り(特に背芯紙の方にはみ出さないように)、⑥で背固めした中身を置き、表紙をくるむ。

「ちり」の寸法を、天、地、前小口とも同じようにとり、位置を決めたら動かさないように注意して、ヘラを使ったり、編み棒を溝の部分にしっかり当てたりして、溝をきちんと作る。はみ出た糊は拭き取っておく。

この状態で上下を板で挟み、1時間ほど重しを載せて乾かす。

⑨表紙と見返し(きき紙)を貼り合わせる(糊入れ)。

溝の部分がしっかり接着したら、表紙と見返し(きき紙)の間を開き、背に付けた裏打ちキャラコを表紙のボードに貼る。

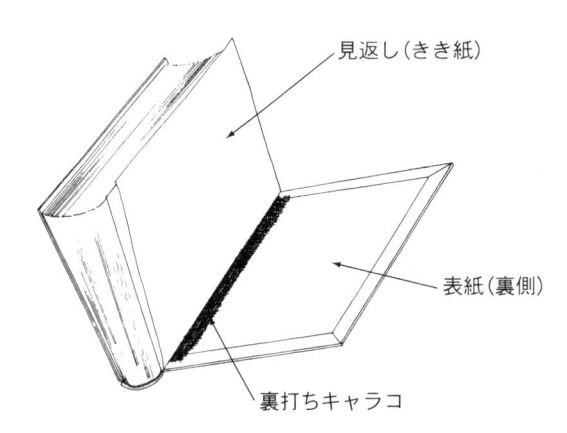

続けて、見返し(きき紙)に、刷毛で糊を薄くまんべんなく塗り、表紙を合わせて接着する。糊がはみ出るので、見返し(きき紙)と見返し(遊び)との間に白紙を挟んで作業を行い、表紙を合わせて接着したら捨てる。はみ出た糊が残っていたら拭き取っておく。

反対側も同じように貼り合わせる。

⑩上下を板で挟み、1時間ほど重しを載せて乾かす。重しを載せてから1分程度後、生乾きの状態で、一度表紙と中身の間を開き、空気（風）を入れる。

3.9　無線綴じの資料の補修　★★★

　最近の本や雑誌の多くは、糸で綴じずに接着剤だけで製本した、いわゆる無線綴じ本になってきている。

　無線綴じ本は、使っているうちにページが1枚ずつバラバラに外れてしまうことが多い。また、複写するために背を押さえつけて無理に開こうとすると、たちまちページが外れてしまうこともある。

　ここでは、元の表紙を生かして、ソフトカバーの無線綴じ本を補修する方法を紹介する。

【準備するもの】
糊（濃いめの混合糊）、中性紙（見返し用）、綴じ糸（麻糸やたこ糸）、針、筆、刷毛、ヘラ、ピンセット、ハサミ、定規、カッターナイフ、カッターマット、濡れタオル、乾いたタオル、板、重し、白紙、目打ち、目打ち台、柏棒、目玉クリップ

①表紙の背からページを外す。
　中身のページを外してバラバラにする。
　最初から1枚ずつ外そうとすると本紙を傷つけるおそれがあるので、ノド元までしっかり開き、4〜5枚ずつ、あるいは一折ずつ背から外していく。その時、本体の方を手の中でしっかり押さえ、外す方を引っ張る。
　見返しがあれば前小口のところで表紙と付いている場合が多いので、表紙に付けたままでもよい。取って付け直してもよい。ここでは付け直す場合を中心に説明する。
②ページを全部外したら、付着している接着剤の滓を、ヘラやカッターナイフ

を使ってガリガリと削ぎ落とす。

表紙の背に付着している接着剤の滓もきれいにしておく。また剥がれかかっていたり、破損した部分があれば、取れるものはきれいに取り除くか、糊で付けておく。

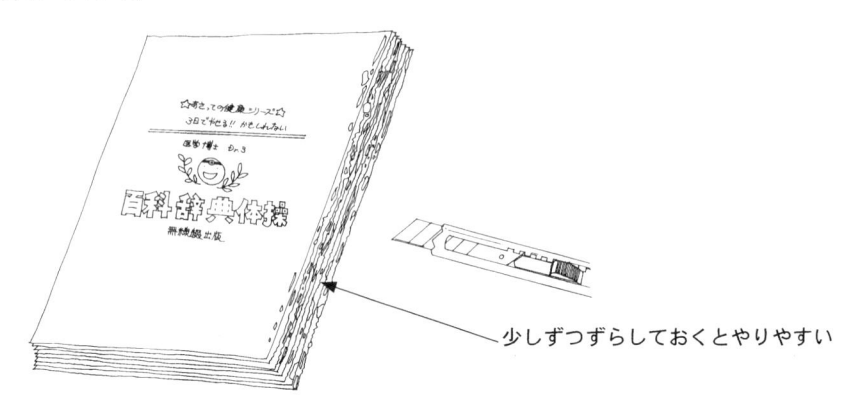

少しずつずらしておくとやりやすい

③バラバラになったページをきれいに揃えてから板に挟み、1日以上重しを載せて落ち着かせる。その状態で背に薄く糊を塗り仮固めすると後の作業がやりやすい。それをしない場合は、目玉クリップなどで前小口を挟んで動かないようにしておき、④の作業を行う必要がある。

④平綴じ（三つ目綴じ）する。

これはノドに15mm程度以上の余白がある資料の場合である。ノドに余白のない資料は、記録された情報が見えなくなってしまうので、平綴じせずにもう一度無線綴じをするか、糸で綴じ直す。その方法は手間もかかるし、技術的にも少し難しいので、ここでは触れない。

天地、前小口とも揃えて目打ち台の上に置き、目打ちで穴をあける。

穴をあける位置は、背から5mm、天地からそれぞれ1～2cmのところに1か所ずつと、その中間である。この寸法は資料によって適当に変えてよい。また穴の数は、A5、B6判ぐらいは3つでよいが、A4、B5判ぐらいになると4つにしたほうがよい。

穴は垂直にあける。本体が動かないように、目打ちを持った手でしっかり押さえながら、柏棒などで穴をあける。厚みがあって一度に下まで通らない時は、最初にあけた穴の跡を頼りに、何回かに分けて下まであける。

⑤中身を糸（麻糸やたこ糸）で綴じる。下図のように糸を通し、最後に全体の糸が緩まないように確認して、最初通した糸ときつく結び合わせる。結び目がふくらんでいるので、叩いて平たくする。

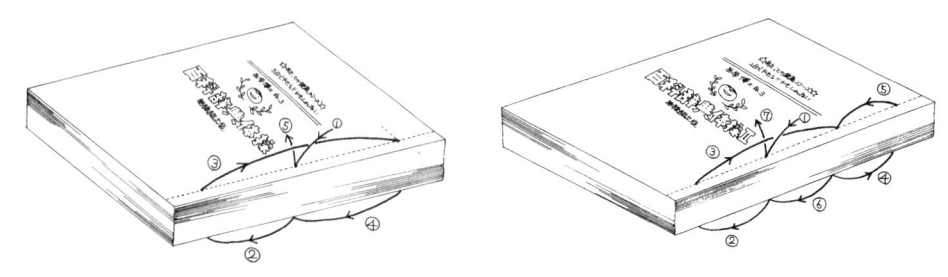

⑥見返しを中身に貼る。

　元々あった見返しを使っても、新しくしてもよい。新しい見返しには少し厚めの中性紙を使う。中身の寸法に合わせて、表と裏2枚の見返し（二つ折りにしたもの）を作る。

　綴じ糸を中身に糊付けしながら、中身のノドの部分（図のA部分）に糊を塗り、二つに折った見返しの折り山側を貼る。

　表、裏とも見返しを貼ったら、板に挟んで重しを載せて乾かす。

　見返しを付けない場合は、この作業は不要である。

綴じ糸が隠れるように

【元の見返しが表紙に付いたままになっている場合】

　図のように前小口は表紙に付いたままで、ノドの部分は離れていることが多い。ノドの部分も幅1〜1.5cmで表紙と見返しを糊付けしておく。

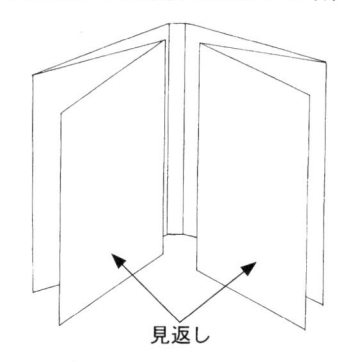

見返し

⑦表紙と中身をつなぐ（くるみ）。

　表紙の裏側、図のA部分に糊を塗り、中身を表紙とずれないように置き、貼り合わせる。

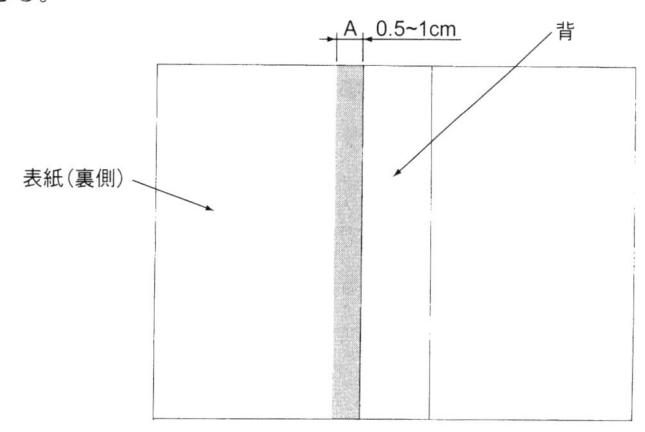

表紙（裏側）　A　0.5〜1cm　背

⑧次に B 部分に糊を塗り、よくなじませ、中身をくるむように被せる。

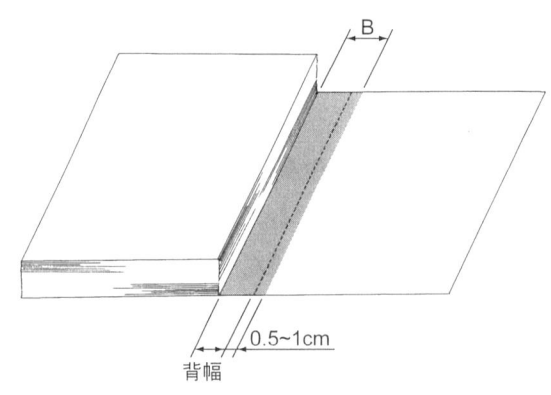

接着した部分に白紙を当てて、ヘラや乾いたタオルなどでよく擦る。はみ出た糊は拭き取っておく。
⑨表紙と見返しを、前小口のところで幅 1cm ぐらいで貼り合わせる。
⑩上下を板で挟み、1時間ほど重しを載せて乾かす。

3.10 革装本

革装本とは、表紙の表装材料として皮革が用いられている本のことである。表紙すべてを皮革で覆う総革装、背の部分を皮革で覆う半革装などがある。

3.10.1 革の種類と特徴

革装本に用いられる革としては、子牛（カーフ）、モロッコ革に代表される山羊（ゴート）、一時期国内で最も多く用いられた羊（ヤンピ）などがある。

製本に用いられる皮革は、特殊なものを除き、「皮」（鞣し前の状態）から「革」（鞣した後の状態）にするための鞣（なめ）しという作業を経ている。製本用皮革の多くは、植物からの抽出物である植物タンニンを用いた鞣し作業を行い、腐敗しにくく堅牢な革にする。特に可塑性が良好なので、金箔押しや立体加工に適している。

他の種類として、ベラムやパーチメントがある。鞣し革と異なり、鞣しの工程を経ないで、石灰漬け後に引っ張りと乾燥とにより形作られる。鞣し革に比べ、生皮に近い。また、明礬に代表されるアルミニウム塩を用いて作られたトウイング革もある。これらは、鞣し革に比べ劣化しにくい。

革の繊維構造は、大きく分けてコラーゲン繊維からなる革の柄（シボ）のある表面の銀面層と、革の主部を形成する網状層からなっている。山羊革は羊革に比べ、繊維は太く密度も大きいので堅牢であり、子牛革はコラーゲン繊維が入り組んだ複雑な網状層を持っているから丈夫である。

3.10.2　保管と手当て

　革の劣化は、革自身の品質の変化と革に含まれている染料、加脂剤、仕上剤などの変質により起こる。紫外線や大気中の亜硫酸ガスなどの影響で劣化するので、高温多湿な所に置いたり、日光に当てたり、埃を被ることは避けなければならない。

　特に、生皮に近いベラムやパーチメントは、湿気に対し敏感なので注意を要する。温度16℃、相対湿度45〜50%を維持しながらの保存が望ましい。トウイング革も同様である。

　また、革のpHは特殊な革を除き、pH 3.0〜4.0の酸性で安定している。pHが4.0以上になると劣化が助長され銀面層に亀裂が生じやすくなるので、脱酸性化処置は行わない。

　革は、保管環境、取り扱い方で損傷を受けやすい繊細な素材でもあり、これから紹介する保革油の塗布やレッド・ロット処置などを行う時には、専門家に相談したほうがよい。

(1)　汚れの除去

　基本的には一般の紙資料と同様に、刷毛、プラスチック系の消しゴムなどを用いる(p.41)。それ以上のことは専門家に任せたほうがよい。

(2)　保革油の塗布

　保革油とは、革の風合いを保ったり、柔軟性、摩擦への抵抗力を向上させるために塗布するものである。

　ただし現在のところ、保革油に対する評価はさまざまで、賛否両論がある。使用する場合は、本文を汚したりしないためにも控えめな量を使用するのが原則で、過度の使用は禁物である。詳細は専門家に相談したほうがよい。

【保革油の作り方と使用方法】
　ニーツ・フット・オイル(牛脚油)に精製ラノリンを6:4の割合で湯煎しながら溶け合わせる。気温の低い冬期などには、ニーツ・フット・オイルの割合を多くすると油の伸びがよく、塗布しやすい。

【準備するもの】
　ニーツ・フット・オイル、精製ラノリン、目盛付き耐熱容器、鍋、電熱器、小皿、平筆、布

①目盛付き耐熱容器にニーツ・フット・オイルを入れる。
②湯煎しながら精製ラノリンを加える。
③完全に混ぜ合わせたら火を止め、冷やす。
④必要量を小皿などに取り、平筆で塗布する。
⑤ある程度、染み込んだら乾いた布で、余分な保革油を拭き取り、磨く。

(3) レッド・ロットの処置

　革は劣化が進むと、ボロボロに崩れ、赤茶けた粉状になる。これをレッド・ロットという。この粉は手や服に付いたり、周辺の資料を汚したりすることがある。中性紙で作ったブックカバー（p.33）をかけることで、手や服を汚さずに資料を利用することができる。

　このようなレッド・ロット状態になった革を固定・強化し、扱いやすくするために、HPC（ヒドロキシ・プロピル・セルロース）をエタノールに溶かしたものを塗布する。塗布することにより、革に黒ずみを作ってしまったり、亀裂を生じさせることがある。使用前に、目立たないところでスポットテストをして様子をみる。詳細は専門家に相談したほうがよい。

【溶液の作り方】

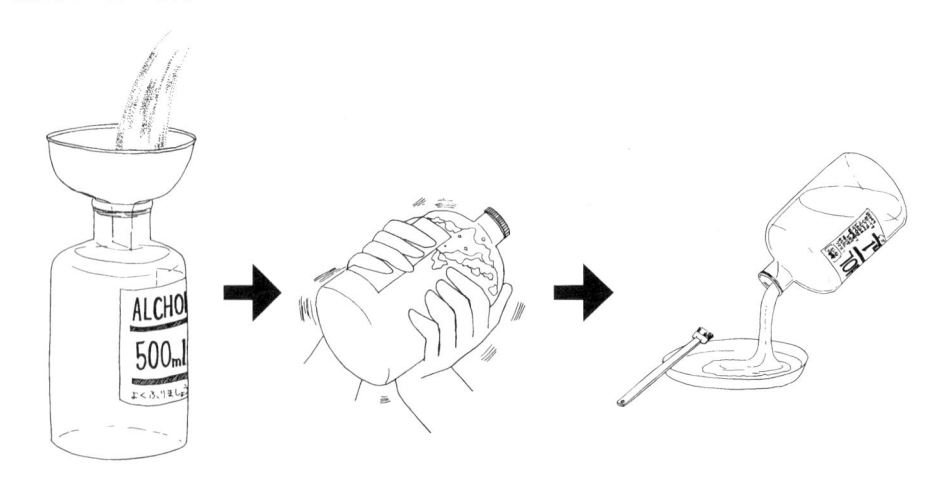

【準備するもの】
無水エタノール（瓶入り）、HPC、平筆、小皿

①無水エタノール500ml瓶の場合、約7gのHPCを加える。
②瓶を前後左右に振り、撹拌を数時間おきに繰り返す。ところどころに透明なHPCの塊が浮遊している。
③1〜2日後に均一に溶解し、透明なトロッとした溶液ができる。
④必要量を小皿などに取り、平筆で塗る。4〜5分で乾くが、革の反り返りや亀裂を押さえるために、溶液塗布後、生乾きのうちに続けて保革油を必ず塗布する。

第4章　和装本の取り扱いと補修

　本書では、図書館の紙資料のうち、洋装本を中心に取り扱いと補修方法について述べてきたが、和装本を所蔵している図書館も多い。ここでは、和装本の取り扱いと図書館員ができる簡易な補修について述べる。

　和装本には多くの貴重な資料が含まれている。貴重資料は、一般資料と取り扱いを区別し、資料の原形を保存することに努める。

4.1　取り扱い

4.1.1　一般的な注意

(1)　装備

　資料本体に受入印や蔵書印を押したり、請求記号ラベルやバーコードなどは貼らないようにする。必要な場合は、別の和紙や中性紙の紙片に押したり、貼ったりして資料に添付しておく。

(2)　排架

　和装本は表紙が柔らかいので、立てて置かず、横に寝かせて平置きにするのが基本である。

(3)　閲覧

・取り扱う前に手をよく洗う。手袋を使用すると資料は汚れないが、指の感触が鈍り、取り扱いが難しくなる。素手の方が危険性が少ないこともあるので、臨機応変に対応する。
・メモをとる必要がある時は、鉛筆を使用する。シャープペンシル、ボールペン、万年筆は、資料を損ねる危険性があるので使用しない。また、消しゴムも滓が資料に付着するおそれがあるので使用しない。
・資料を立てかけたり、開いたまま伏せたり、上に物を置いたりして、よけいな力がかからないようにする。手に持ったままページを繰ることは避け、机の上などの平らな場所で取り扱う。そのまま持ち運ぶと柔らかいので歪みが生じる。ボードや板に載せて運ぶようにする。
・寸法を測る必要のある時は、金属メジャーのような傷を付ける可能性のある用具は使用しない。
・印刷面や筆写面には触れないようにする。指に唾をつけてめくることは厳禁

である。
・化学糊のついた付箋は、きれいに剥がしたようでも糊が残留し劣化の原因となるので絶対に使用しない。しおりには和紙や中性紙の紙片を使用する。
・資料の現状を変えない。もし仮に何かが取れてしまったら、薄い和紙で包み、注意書きをして一緒に保管しておく。例外として、明らかに近現代になって挟み込まれたり貼られたりしたもので、それが酸性紙のように資料に悪影響を及ぼすものについては取り除く。ただし、接着剤によっては剥がすことが難しいものもあるので、専門家に相談する。
・資料が開かない場合は無理に開こうとせず、専門家に相談する。

4.1.2 巻子本（かんすぼん）と掛軸（かけじく）の取り扱い

和装本のなかでも巻子本と掛軸は、取り扱いが特に難しい。先に述べた一般的な注意事項に加えて、多岐にわたる注意が必要であるため、通常、職員が取り扱う。そのため職員はその取り扱いについて習得しておく必要がある。ここではその取り扱いのポイントについて説明する。できれば専門家に習い、さらに研修用の軸を用意して何度も練習しておくことが望ましい。

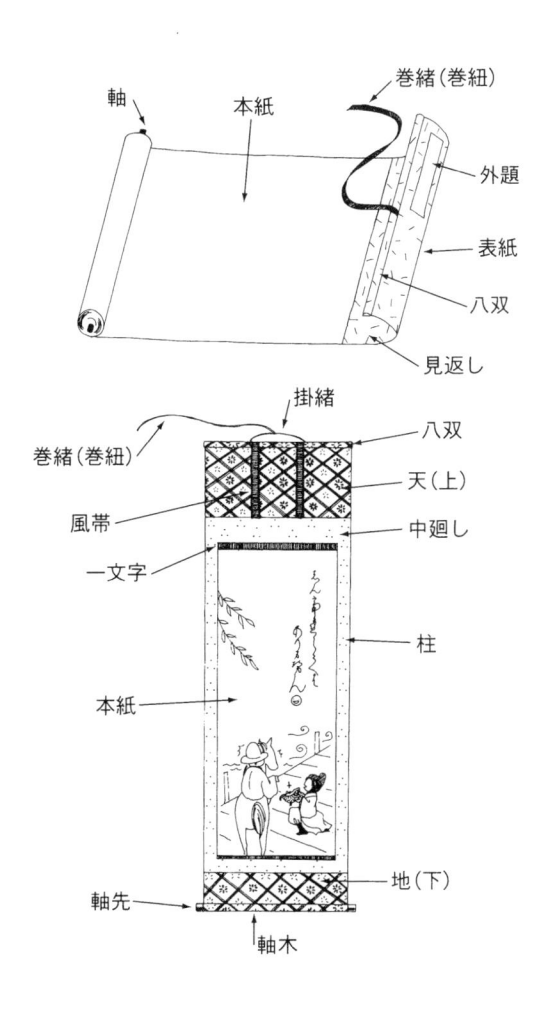

(1) 巻子本

(ア) 展開の仕方

①巻子本を広げるときは、十分な広さのある平らな場所で行う。

②巻緒（まきお、巻紐ともいう）を解いてまとめる。まとめておかないと、飛び出してきたり、垂れ下がったりして、引っかけて損傷を招くおそれがある。まとめ方はいろいろあるが、要は展開していくときに邪魔にならないようにすればよい。ただ、表紙の天地を利用して巻緒を巻きつける方法は、表紙を傷めるので危険である。

③次に表紙を丸める。表紙に負担のかからぬ程度に、また自分の手で扱いやすい太さに丸める。

④本紙の展開には十分な注意が必要である。

 a 展開は肩幅程度の長さずつ左に転がして広げる。

 b 次に表紙を右から左へ巻きが緩まないように転がして巻き取る。

 c 両手で軽く持ち上げて、左から右へ元の位置まで移動する。この時、机の上で擦らないこと。必ず少し浮かせて移動する。

 d a〜cを繰り返して行う。

(イ) 巻き戻し方

巻き戻しは展開の逆の手順で行う。

巻き方の強さは、きつく巻いたほうが見栄えがよいし安定しているが、皺が生じたりして本紙を傷める原因ともなるので、緩まない程度に巻いたほうがよい。

巻き戻すときに、天地にズレが生じることがよくある（「竹の子」状という）。このズレを放っておくと、皺が生じるので、できるだけ修正しておかなければならない。これはズレが生じたその都度修正するが、無理に行うと天地を傷める危険があるし、本紙にも負担をかけることになるので、無理のないように少し戻して修正する。

(ウ) 巻緒の掛け方

①最後に巻緒を掛ける。巻緒の掛け方も種々あるが、シンプルで代表的な方法を紹介する。なお、巻緒についても本紙を傷めないように、きつく巻かないようにする。

②紐が重ならないように巻いていく。奇数巻きの3回り、5回りが通常である。掛軸も同様であるが、安全のために軸を回さずに巻緒のほうを回す。

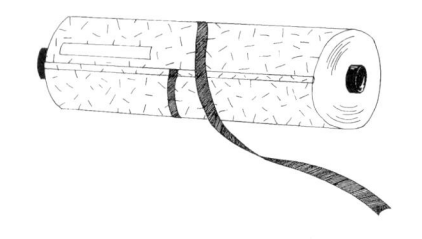

③最後のひと巻きの時、指を入れて、その隙間に紐の先を折って入れ、折った部分を引き締めて止める。

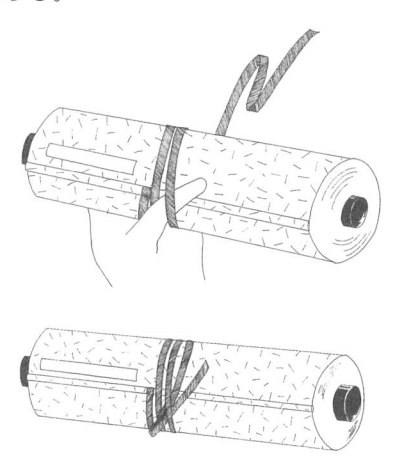

(2) 掛軸

(ア) 掛け方

①まず巻緒を解き、巻紙を外す。十分な広さのある平らな場所で、天の部分より少し多め、上部の中廻し（ちゅうまわし）の中間程度まで開く。安全のため本紙の部分は開かないで隠しておく。

②下げ風帯（ふうたい）がある場合は、八双（はっそう）に沿って横に折り畳んであるので、その癖を直し、まっすぐに伸ばして整える。

③巻緒は掛緒（かけお）の左右どちらかに（床の間などでは柱の方、下手側に）ずらし、裏側に回しておく。

④次に、掛緒を矢筈（やはず）に掛けて、軸の中程を軽く持ち、掛け金具などに掛ける。矢筈のような道具は使用しないほうがより安全であるが、手の届かないところであれば使用せざるをえない。

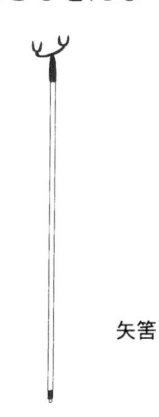

矢筈

⑤掛け金具に掛けたら軸先（じくさき）を両手で持って静かに下げていく。なお風鎮（ふうちん、軸先に掛ける飾りをかねた重し）は本紙に負担をかけるので、使用しないことが望ましい。

(イ) 外し方

①外し方は掛け方の逆の順序で行えばよい。

②長時間掛けていた場合は、巻き上げる前に毛ばたきなどで本紙を傷めないように気をつけながら埃を払う。

③巻子本と同様に緩まないように巻き上げるが、きつく巻くと皺ができるので注意する。巻き方がずれて竹の子状になり始めたら、早めに元に戻してやり直す。

④本紙の部分が隠れるように、上部の中廻しの中間程度まで巻き上げる。

⑤それから、掛緒を矢筈に掛けて、軸の中程を軽く持ち、掛け金具などから外し、平らな場所に置く。

⑥下げ風帯の収め方は、風帯に付いている折り目どおりに八双に沿って横に折り畳む。通常は対面して左を下に折り込む。決して風帯を垂らしたまま巻いてはならない。

⑦最後まで巻き上げる。

(ウ) **巻緒の掛け方**

①まず巻緒を巻く軸中央部を保護するために巻紙（当紙、紐当紙ともいう）を当てる。必要に応じて新たに作る場合は、鳥の子紙などのしっかりした和紙を使い、風帯の下中央に入れ、一回りさせる。

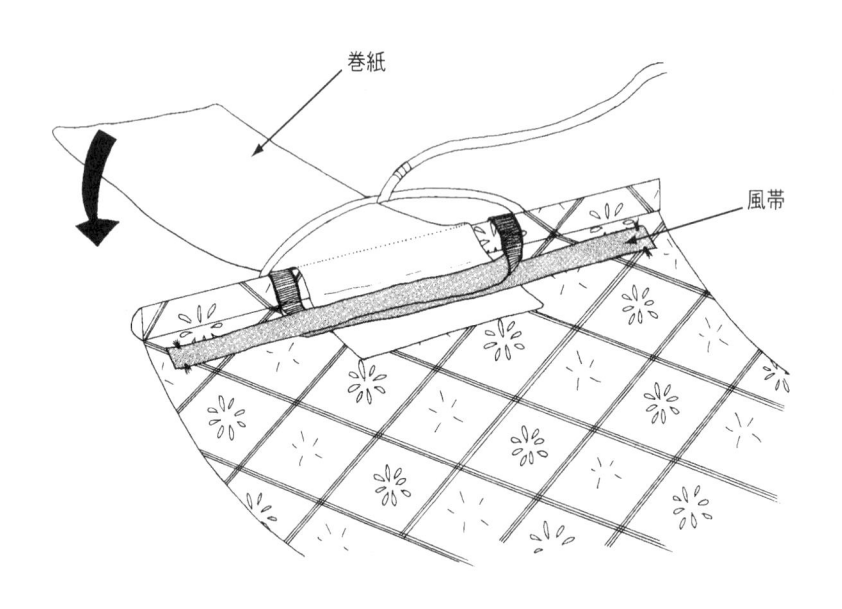

②次に、代表的な巻緒の掛け方を紹介する。
　傷めないようにあまりきつく巻かないように注意する。

巻紙　掛緒　八双

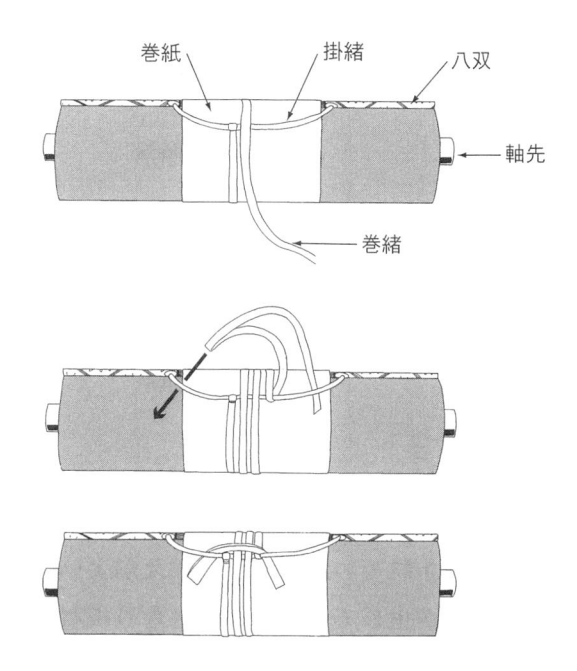

軸先

巻緒

【参考】収納について

(1) 保存容器

巻子本、掛軸とも保存容器に納める。

掛軸の場合は箱の内部に、軸先を納める軸枕（じくまくら、軸受ともいう）のあるものがある。軸枕は左右の幅が異なるが、幅の広い方に八双がくるように納める。

保存容器がない場合は新たに用意する。従来から火災にも強い桐材の箱（桐箱）が最もふさわしいと言われているが、あつらえると高価になるし、最近のものは品質にばらつきがあるので注意を要する。中性紙で作った市販品でもよいし、自分で作ってもよい (p.36)。

(2) 包み紙

箱に納める前に、布や和紙で軸を包んで保護することも保存のためには手軽で重要なことである。箱から取り出す時には、軸を直接つかまず、この包み紙を引っ張って取り出せばよい。ここでは簡単にできる和紙や保護用紙の包み紙を紹介する。

①和紙は中厚（4匁ぐらい）を使う。
②定規などに数回巻く。
③5cm間隔ぐらいにぎゅっと縮みを入れる。縮みを入れることによってできた皺が緩衝材となり、包んだ軸が動きにくくなる。
④定規を抜き、広げて完成。
⑤和紙ではなく保護用紙を用いた場合は、緩衝材としての効果は落ちるが、品質が安定していて、汚染ガスを吸着する効果も得られる。

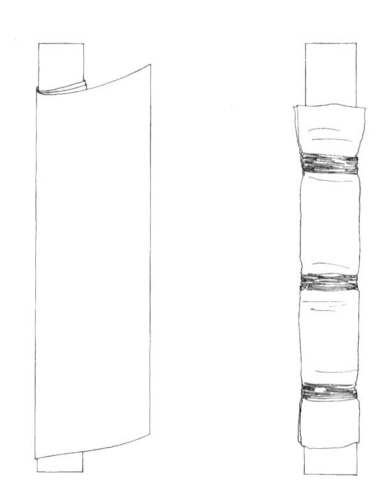

(3) 太巻芯

巻子本や掛軸は細く巻かれていたほうが見栄えがよい。

しかし細く巻くと歪みが生じて、横皺ができたり折れたりすることが多い。特に本紙が硬いものは細巻にすると危険性が高い。

したがって保存のためには太く巻いたほうが本紙の負担を軽くする上で望ましい。特にすでに皺や折れがあるものについては、損傷を最小限に止めるために太く巻く必要がある。

そのためには、本来の軸に太い巻軸（太巻芯）を被せて、軸を太くしてやる。

太巻芯はすでに取り付けてあるものもあるが、ない場合は必要に応じて新たに作る。本来は桐材製のものをあつらえることになるが、保存容器の場合（p.87）と同様の問題もあるので、簡単にできる次のようなもので代用することもできる。

①中性紙の紙筒（直径5cm程度）を用意して切れ目を入れる。

②筒の穴の中に、横から切れ目を利用して軸を差し入れる。

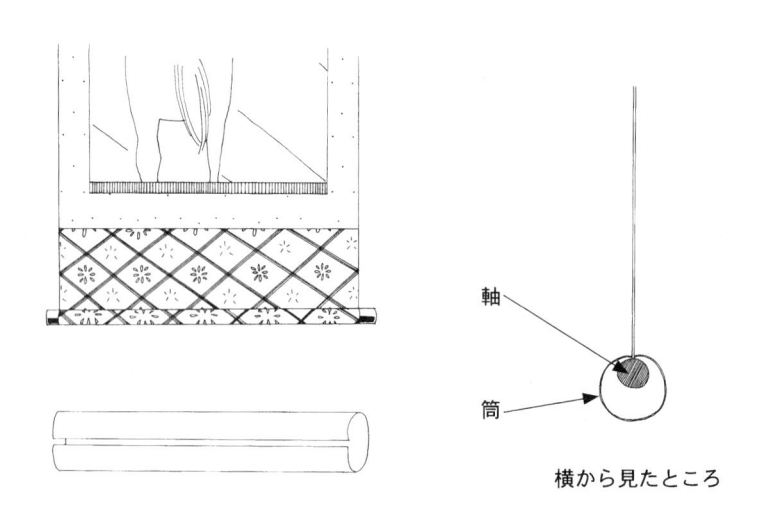

横から見たところ

4.2 補修

4.2.1 全般

　和装本の補修は、その資料的価値からみて、素人のできる範囲はきわめて限られてくる。補修の内容には、後述する中綴の補修や綴じ直しのほか、代表的な補修である虫損直しや裏打ちなど多岐にわたっているが、ここでは比較的簡単な、皺伸ばし、継ぎ直し、糊差しについて説明する。ただ、これらの補修であっても、貴重資料については専門家に任せる。

　なお、補修に使う材料は、生麩糊と水（できれば純水か浄水が望ましい）のみである。生麩糊を使用するのは、化学的に安定していて、可逆性があるからである。化学糊は使用しない。

(1) 皺伸ばし

　本紙あるいは表紙に折り目や皺ができている時は、水で湿り気を与えて伸ばす。汚れがひどい場合は、水分が多いとシミになるので、印刷・筆写されていない端のところで試してみる。特に表紙には色紙が使われていて、シミになりやすいので注意する。

　湿り気の与え方は、筆などで一気には与えず、かたく絞った濡れタオルで折り目や皺の部分を押さえていく。このようにすることによって、シミができにくくなる。水が余分なところまで滲み込まないように、下に濾紙などを敷くとよい。一度に伸びなければ、何度も根気よく行う。

　濡れた紙はいったん伸び、乾くと縮む。濡れたまま放っておくと、縮緬のようになることもあるので、中性紙ボードなどで挟んで重しを載せて乾かすとよい。

　皺がひどい場合や、解体（壊し）の必要がある場合は専門家に任せる。

(2) 継ぎ直し

　巻子本や絵図などの継ぎ部分が剥がれてきた場合は、糊で継ぎ直す。そのままにしておくと、傷みがひどくなる危険性があるので、早めに補修したほうがよい。

　巻子本で、のりしろ全体が剥がれて離れてしまった場合、継ぎが曲がらないように気をつける。継ぎが曲がると全体に傷みを起こす原因となる。地に定規を当ててまっすぐにして継ぐとよい。

　補修に使う糊は、濃いとしっかり付くがその部分が硬くなり、厚くなる。薄ければ薄いほど仕上りはきれいだが付きが悪くなる。紙の種類や厚さにもよるが、裏打ちの場合は米のとぎ汁程度、継ぎ直しや糊差しの場合は重湯程度である。紙が厚くなれば濃いめにする。

また、糊はのりしろからはみ出さないように当て紙などを置き、薄く均一に刷毛や筆で塗る。剥がれている部分が狭くて筆が使えない場合は、硬めの紙でヘラを作って糊を差す。

糊付けしたら、かたく絞った濡れタオルでその部分を押さえておく。これは余分な糊を取り除き、さらに糊をなじませるためである。

継ぎ直しをした部分は乾くと縮んでくるので、中性紙ボードなどで挟んで、重しを載せて乾かすとよい。

(3) 糊差し

裏打ちの一部分や題せんなどが剥がれた場合も、そのままにしておくと、傷みがひどくなる危険性があるので、早めに補修したほうがよい。

継ぎ直しと同じように剥がれた部分を糊で止めていくが、糊を付け過ぎると引きつるので、剥がれた部分全体ではなく、周り（縁）にぐるりと糊を入れる縁糊がよい。

表紙は薄い色紙に2～4枚程度の紙が貼り合わされており、それらが次々と剥がれて、めくれていることがよくある。表紙の場合は多少硬くなってもよいので、作業の効率性の面から濃いめの糊を使用してもよい。

糊付けした後の処理は継ぎ直しと同様である。

いずれにせよ、剥がれがひどい場合には、全面修復を行う必要があるので専門家に任せる。

4.2.2 袋綴（ふくろとじ）

和装本にはさまざまな形態のものがあるが、そのうち冊子体になったものを冊子本（さっしぼん）という。ここでは、その冊子本のうち最も数の多い袋綴を取り上げ、その簡単な補修について述べる。しかし、簡単だからといって、資料的価値の高いものであれば、むやみに手を入れることは避けて、専門家に任せたほうがよい。

袋綴とは、紙の片面にのみ印刷・筆写し、その面を外側にして中央で二つ折りしたものを重ね合わせ、紙縒り（こより）で中綴し、さらに表裏に表紙を当てて糸で綴じたものである。線装本（せんそうぼん）とも呼ばれる。なお冊子本には、他に綴葉装（てっちょうそう）、胡蝶装（こちょうそう）など多くの装丁がある。

(1) 中綴（なかとじ）の補修

中綴とは本紙がバラバラにならないように、本紙部分だけを紙縒りで綴じたものである。糸が切れ、さらに中綴も損傷した場合、元穴（元の穴）を使って

中綴し直す。

①中綴は紙縒りを使って行うので、まず紙縒りを作る必要がある。紙縒りに使う紙は、和紙のなかでもより強靭なものが望ましいが、楮紙であれば概ね強い。資料を傷めやすいので元結や水引などで代用してはならない。

②まず両手の親指と人差し指で紙の右下角から細く縒りはじめ、左手の親指と人差し指で縒りながら左方向に進む。紙縒りの長さは使った紙の対角線の長さと同じぐらいがよい。

親指と人差指で縒りながら矢印の方向に進む

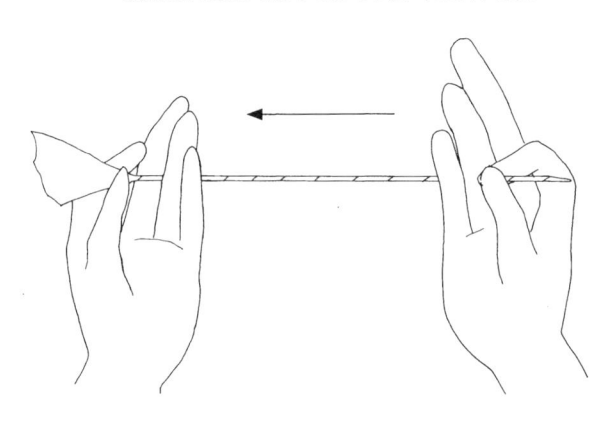

紙の対角線と同じ長さがよい

紙の目

③紙縒りができたら、表から元穴に紙縒りを通し、一重結びにする。穴を新たにあけず元穴を使うのは、できるだけ資料を損なわないようにするためである。また一重結びとするのは、二重結びにすると結び目が高くなり、盛り上がりができて表紙を傷めるからである。

④よく結んでから、紙縒りの先を結び目から少しだけ残して切り、結び目の部分を軽く叩いてつぶしておく。強く叩き過ぎると結び目が緩むので注意する。

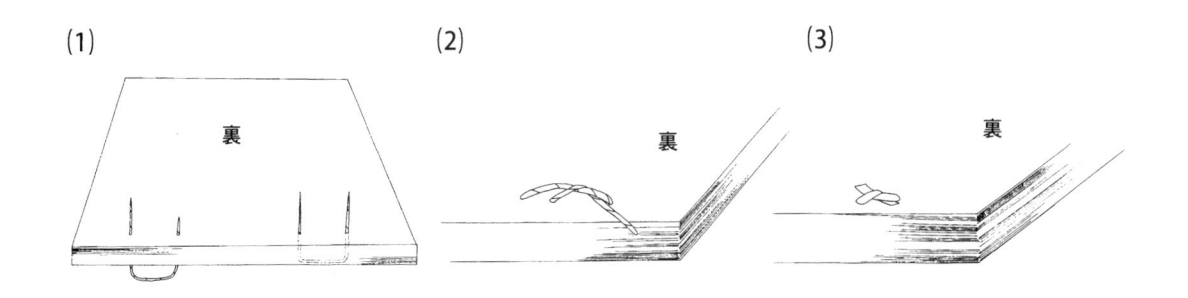

(1)　　　(2)　　　(3)

【参考】唐本（漢籍）の場合

　以上は和本（和書）の場合であるが、唐本の場合は少し違う。中国の紙は日本の紙のように強靭ではないので、紙縒りを結んで中綴することは難しい。そこで、和本のように2穴ではなく、1穴に紙縒りを通し、裏面で天地の内側に折り返し、糊付けして中綴（坊主綴という）する。

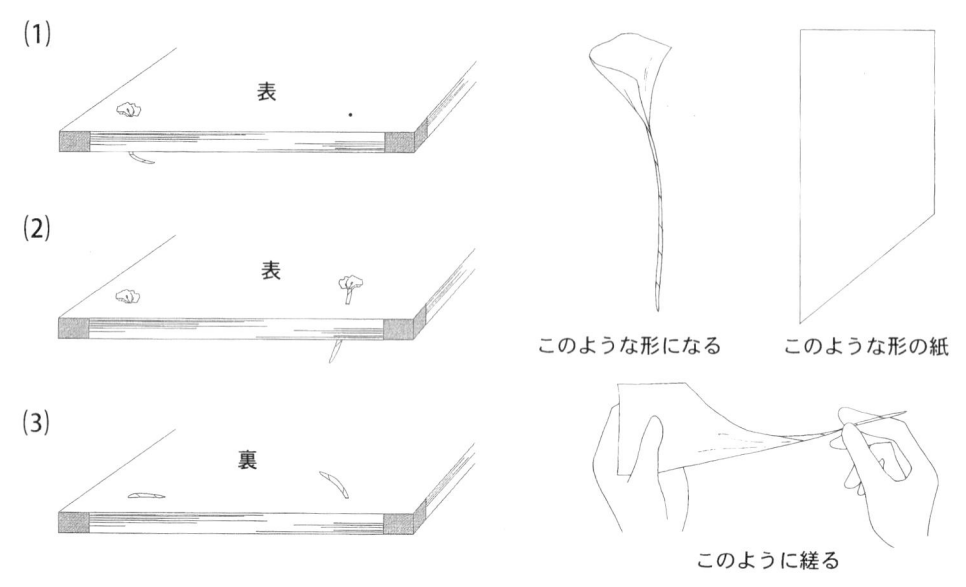

(1)

(2)

(3)

このような形になる　　このような形の紙

このように縒る

(2) 綴じ直し（四つ目綴）

　表紙を綴じた糸が切れていることはよくある。そのままでも閲覧できる程度であれば、糸の切れた部分を表紙に糊で止めておく程度でよいが、表紙が動いたり、外れそうな場合は綴じ直しをする。ここでは袋綴のなかでも最も一般的な四つ目綴について説明する。

①綴じ直しに使う糸は、元糸（元の糸）を糊でつないで使える場合もあるが、たいていは新しい糸に付け替えなければならない。元糸は原材料として記録に残しておくため、捨てないで資料に添付しておく。その場合は、元糸と同じような色と太さの絹糸を使うことが望ましい。なければ白かベージュであれば、たいていのものにしっくりとなじむ。また、太さは細い方から縫糸（地縫糸）、穴糸、太三っ子（ふとみっこ）、太白（たいはく）とある。唐本はたいてい細い糸2本で綴じてあるので、縫糸の2本取りとなる。和本の場合は穴糸か太白を使うことが多い。

②次に、使用する針であるが、普通の縫い針か、糸が太くて針穴を通らない場合は、ふとん針ぐらいのものを使用するとよい。

③糸の長さは資料の厚さにもよるが、だいたい資料の天地の3倍から3倍プラス資料の対角線の長さを目安とする。

④綴じ方にはこぶ綴じとなめ綴じがある。和本は糸の先端に作った結び目（こぶ）で止めてから綴じ進むこぶ綴じでよい。なめ綴じは、紙が弱くてこぶで

止められない場合などに糸の先端を湿らせて止める方法で、唐本などで用いられる。

⑤糸と針の用意ができたら、中綴同様、元穴を使って、下図の順番で綴じ進む。糸を力いっぱい引っ張って締める必要はないが、緩まない程度には張っていく。まず、本紙を数枚すくいとり、表紙にあいている穴の裏側より表側に針を出す。本紙をすくいとる位置であるが、穴の位置より少し斜めがよい。最初に背にまわす糸が来る位置と同じ位置から入ると、その部分が糸のこぶで盛り上がり、きれいに糸を背に回すことができないので、少しずらして入る。
また最後に糸を結んだ後、もう一度糸を穴に通して引っ張って切ると、結び目のこぶが穴の中に隠れるので仕上りがきれいになる。

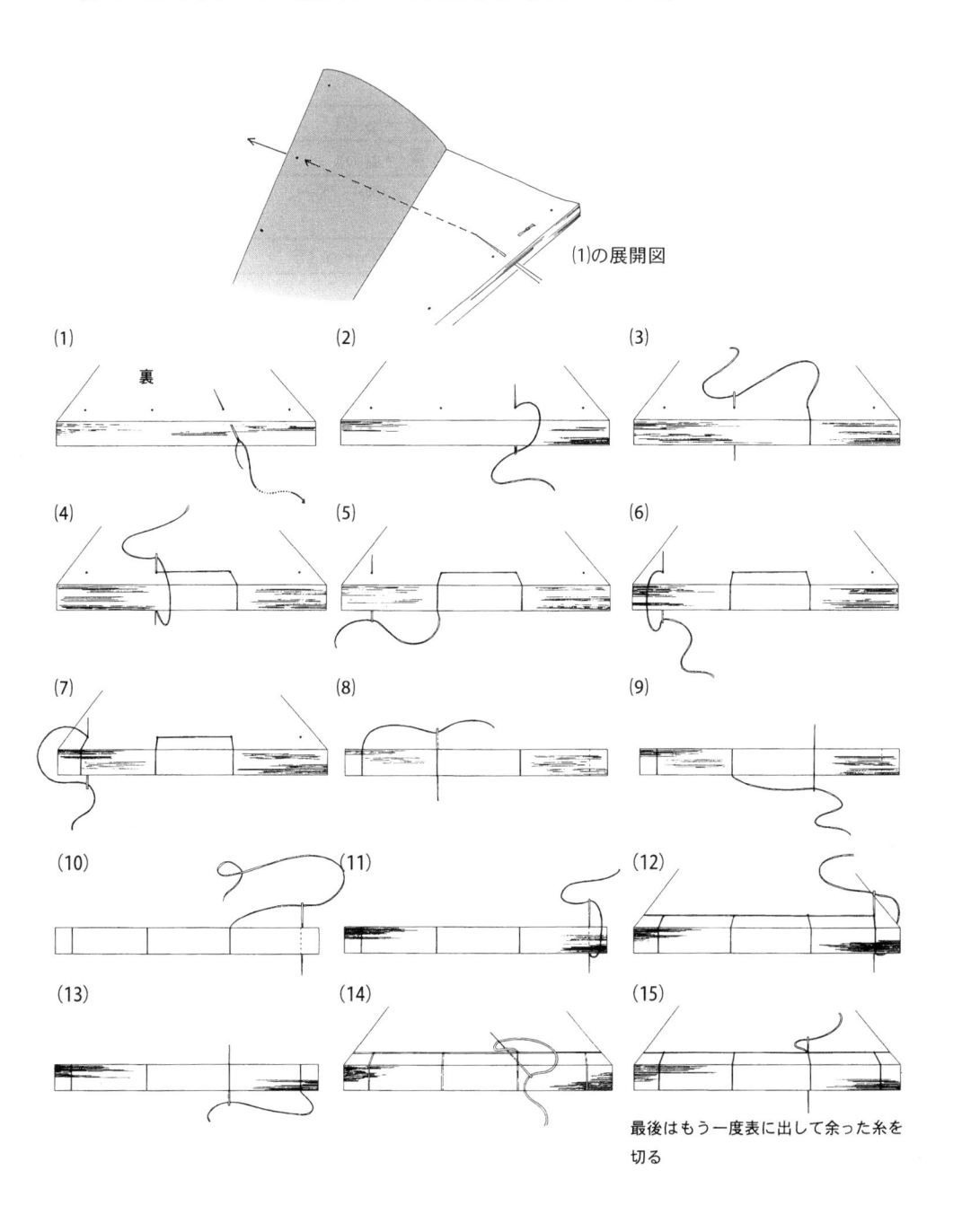

(1)の展開図

(1)　(2)　(3)
(4)　(5)　(6)
(7)　(8)　(9)
(10)　(11)　(12)
(13)　(14)　(15)

最後はもう一度表に出して余った糸を切る

第 5 章　付録

5.1　材料と道具

材料	種類・使用方法など
糸	糸綴じに使用。麻糸・木綿糸・絹糸。
裏打ちキャラコ	背貼り布、ノド布用。寒冷紗の代わり。
エタノール (消毒用)	殺菌→ p.47
エタノール (無水)	殺菌やレッド・ロット止め溶液に。
クロス	表装材。
生麩糊	小麦でんぷんを原料とする糊→ p.12 → p.95
水酸化カルシウム	脱酸性化処置→ p.51
水酸化マグネシウム	脱酸性化処置→ p.51
吸取紙	濾紙、キッチンペーパー、ティッシュペーパーなど。
精製水	薄め液、pH 測定→ p.15
精製ラノリン	保革油→ p.79
製本用布テープ (粘着剤付き)	パンフレット製本→ p.31
ソーダカートリッジ	脱酸性化処置→ p.51
炭酸カルシウム	pH 調整→ p.13
地券紙 (ちけんし)	背芯紙などに。
中性紙・中性紙ボード	保護用紙（保護・保存用中性紙）を使用する→ p.10
ニーツ・フット・オイル(牛脚油)	保革油→ p.79
花布 (はなぎれ)	テープ状のものを切って、背の天地に使う
HPC(ヒドロキシ・プロピル・セルロース)	レッド・ロット止め溶液→ p.80
PVA （ポリビニルアルコール）	中性の化学糊→ p.13
PVAc （ポリビニルアセテート）	いわゆる白ボンド→ p.13
補修テープ	保存期間が限定される資料の簡易補修に。フィルムルックス社の「フィルムプラストＰ」など。
ポリエステルフィルム	封入法、展示の補助テープなどに。→ p.38
メチルセルロース	中性の化学糊→ p.13
両面テープ	無酸のものがよい。
和紙	→ p.11 製紙方法や品質を明らかにしている販売店として、「紙舗　直」がある。 補修用として、RK － 00・RK － 0（5g/ ㎡程度）、RK － 1・RK － 2（10g/ ㎡程度）、RK － 17・RK － 27（20g/ ㎡程度）、RK － 19（30g/ ㎡程度）などを販売している。

【電子レンジで作る生麩糊】

　手軽に、電子レンジで作る生麩糊の作り方を紹介する。この方法を使えば、約30分で化学的に安定した生麩糊を作ることができる。

　ただし、防腐剤などは入っていないので傷みやすい。冷蔵庫に保管すれば、1〜2週間はもつ。

　なお、作る量によって時間は異なってくるので、いろいろ工夫してみる必要がある。

①生麩糊粉1（10g）に対して水4（40cc）の割合で耐熱容器に入れて撹拌し、電子レンジ強で30秒加熱する。
②一度取り出して撹拌し、再度電子レンジ強で20秒加熱する。様子を見ながら繰り返す。
③粘りが出て半透明な状態になったら、容器ごと冷水につけて30分間冷やす。
④使用するときは、適量を皿などに取り、刷毛、筆などで十分にしごきながら、水で均一に薄め、濃度を調整する。

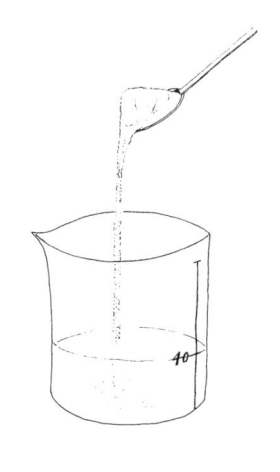

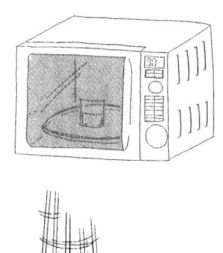

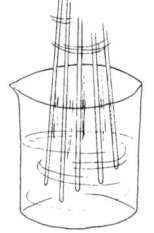

道具	種類・使用方法など
アイロン	低温で使用すること。
編み棒	プラスチック、竹製4号前後のもの。竹串で代用できる。
板	締め板。版画用の板、ラワン板、合板など。1～2cm厚。
紙ヤスリ	＃240程度→p.97「手作り便利道具」
消しゴム	プラスチック消しゴム、練り消しゴム、粉消しゴムなど→p.42
重し	文鎮や漬物石→p.97「手作り便利道具」
柏棒（かしわぼう）	目打ちを叩く。樫矢（かしや）ともいう。
カッターナイフ	→p.97「手作り便利道具」
カッターマット	厚手のボードなどで代用できる。
吸引装置	→p.43
ケミカルスポンジ	→p.42
サクションテーブル	→p.43
締め機（手機械）	
定規	
シリコン塗布紙	当て紙。シール台紙などのツルツルした水気をはじく紙。
ソーダサイフォン	脱酸性化処置→p.51
中性紙チェックペン	
ニッパー	
刷毛	汚れの除去用や糊刷毛など。
ハサミ	
針	ふとん針・製本用綴じ針など。
ピンセット	
筆	丸小筆・平筆など。
噴霧器（霧吹き）	
pHストリップインディケーター	pH測定→p.15
HEPAフィルター	高性能フィルター→p.47
ヘラ	裁縫用などの骨、竹、プラスチック製。
ポリ容器	フラットニングなどに。
目打ち	
目打台	板。紙ボードを貼り合わせたものや電話帳などで代用できる。
綿棒（紙芯）	スポットテストなどに使用。
ワイピングクロス	超極細繊維を利用した埃取り→p.42

【手作り便利道具】

●筒状紙ヤスリ

　ラップなどの丸芯に紙ヤスリ（♯240程度）を貼る。はみ出した紙を削ぎ取るのに便利である (p.63)。

●重し

　重しは、傷んだ資料を治す過程で、紙を落ち着かせたり、接着剤を定着させる時に使う。漬物石や、レンガなどの重量のある安定した物に厚手の布などを巻きつけ、包むだけで簡単にさまざまなものを作ることができる。

●カッターナイフを研ぐ

　カッターナイフはすぐに切れなくなる。厚い紙であれば数回の使用で切れ味が落ちる。

　かまぼこ板などの適当な板に紙ヤスリ（♯240程度）を貼り、軽く刃（両刃）の角度に沿って2, 3回擦る。切れ味が戻る。

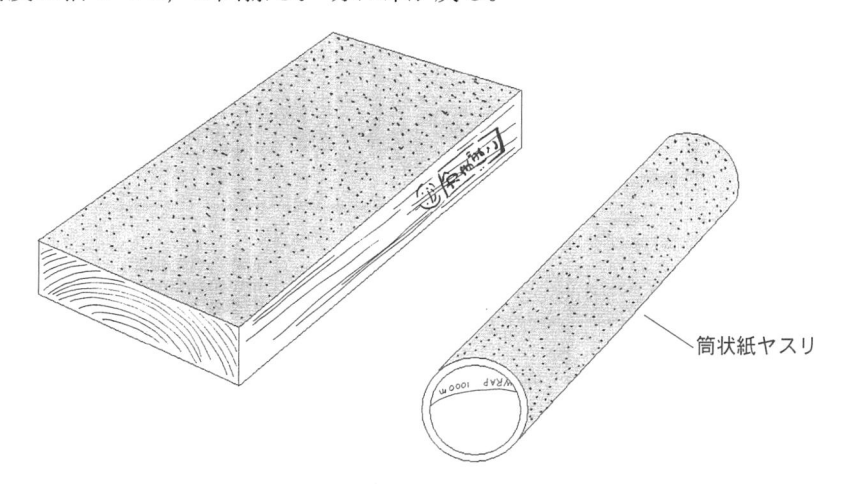

筒状紙ヤスリ

5.2 参考資料

(1) 保存の方策を決定・選択するための一覧表

	保存ニーズをつかむ			保存のためのアクションと技術			
	現物保存の必要性のレベル ①	モノとしての状態のレベル ②	利用頻度のレベル ③	保管環境(防ぐ技術) ④	容器の必要性(防ぐ技術) ⑤	利用と点検(点検する技術) ⑥	代替と廃棄(取り替える技術)(捨てる技術) ⑦	治癒的な措置(治す技術)非専門的 or 専門的 ⑧
A	必ず現物として残す	○	○/△/×	制御は必須	環境制御されていれば、そのままで可	そのまま利用が原則だが制限も。後に点検	とりわけ貴重なものはモノとしてもよいものでもハードコピーやマイクロ等で代替し、これを利用させることもある。	利用による傷みのうち、非専門的な簡単な補修でよい場合は三原則に則して行う。傷みがひどいときには下の範疇(C)に入る
B		△	○/△/×		できるなら容器/できるなら容器/そのままでも可	そのまま利用か制限。前に点検し、利用者に注意。後にも点検		
C		×	○/△/×		容器	右の代替物を利用へが原則。現物の利用は極力制限する	ハードコピーやマイクロ等で代替しこれを利用へ	そのままでも、利用によっても、傷みが広がるようならば専門的な措置をとる
D	できるだけ現物として残す	○	○/△/×	制御が望ましい	そのまま or 容器/そのままで可/そのままで可	後に点検	右の治癒的な措置でも利用不可能な場合には、現物を現物で代替する。これが不可能ならば下の範疇(F)に入る	利用による傷みのうち、非専門的な補修でよければ非破壊的・可逆的に行う。傷みがひどければ下の範疇(F)に入る
E		△	○/△/×		そのまま or 容器/そのまま or 容器/そのままで可	前後に点検		
F		×	○/△/×		容器/できるなら容器/できるなら容器	現物利用は制限し、右の代替へ	現物による代替か、不可能ならばハードコピーやマイクロなどで代替。廃棄か否か決める	現物を廃棄せず残すならば専門的な措置をとる
G	紙資料	○	○/△/×		そのままで可	そのままで可	右の治癒的な措置でも利用不可能な場合には、現物を現物で代替する。これが不可能ならば下の範疇(I)に入る	利用により傷んだら非専門的な措置をとる。必ずしも可逆的である必要はない。ひどい傷みが広がるようならば下の範疇(I)に入る
H	代替物でも可	△	○/△/×					
I		×	○/△/×	制御が望ましいが、ひどい環境でなければ可	できるなら、代替物ができる間、臨時の簡単な容器に入れておく	利用者に注意。前後に点検	利用頻度の高いものから現物を現物で代替するか、ハードコピーやマイクロにする	代替ができたら現物は廃棄する
J		○	○/△/×		そのままで可	そのままで可	定められた期間内での利用の要望が高ければ、利用頻度の高いものから代替もある	定められた期間内での利用により傷んだら非専門的な補修を。可逆的である必要はない。期間内で利用不可能になった場合には下の範疇(L)に入る
K	一時的な利用に供するだけで後に廃棄	△	○/△/×		そのままで可	そのままで可		
L		×	○/△/×		一般的に「一時的な利用に供するだけ」の資料は当初は新しい資料が多く、「モノとしての状態のレベル」が×であるものは少ない。しかし当初から、あるいは利用により×のものについては、期間内での利用に不可欠ならば代替をすることも可。ただし、期間内であっても廃棄されることもある。普遍的な原則はない。			

出典 木部徹「利用のために保存する」(『図書館と資料保存』所収)

(2) 製本仕様書（例）

（□事前　□合冊　□修理）　製本仕様書

機関名		発注日付		納入期限	
担当者		連絡先	Tel:		

書名			冊数	

仕上げ	ドライクリーニング	□する　□しない	
	容器に入れる	□保存箱　□帙　□他（　　　　　　　　　）　□入れない	
	合冊	□する・分冊基準（　　　　　　　　　　　）　□しない	
表紙	クロス	□布クロス　□バックラム　□他（　　　　　　　　　　）	
	色	□黒　□紺　□緑　□黄　□赤　□他（　　　　　　　　）	
	芯材	□厚表紙　□薄表紙　□他（　　　　　　　　　　　　　）	
		□中性紙　□重さ（　　　kg/m²）　□品名（　　　　　　）	
見返し	種類	□ノド布つき　□折見返し　□他（　　　　　　　　　　）	
	紙種	□上質　□中質　□他（　　　　　　　　　　　　　　　）	
		□中性紙　□重さ（　　　kg/m²）　□品名（　　　　　　）	
	色	□白　□クリーム　□他（　　　　　　　　　　　　　　）	
綴じ	綴直し	□あり　□しない	
	綴じ糸	□麻　□ナイロン　□テトロン　□他（　　　　　　　　）	
	綴じ方	□本かがり　□平綴じ　□他（　　　　　　　　　　　　）	
	その他	□針金類を除去する	
化粧裁ち	□必要最小限　□しない		
背固め	□麻ダック　□キャラコ　□地券紙　□クラフト紙　□他（　　）		
花布	□つける（色・　　　　　　素材・　　　　　　　）　□なし		
背文字	□原本の背文字を生かす（　　　　　　　　　　　　　　　）		
	□新たに作成する 　　箔押し　□金箔　□黒箔　□白色　□色箔・他（　　　　） 　　標題紙　□貼る（　　　　　　　　　　　）　□貼らない 　　□他（　　　　　　　　　　　　　　　　　　　　）		
	□本製本仕様書とは別に指示する		
製本形態	□丸背　□角背		
	□つきつけ　□溝つき　□他（　　　　　　　　　　　　）		
	□ホローバック　□タイトバック　□他（　　　　　　　　）		
附属資料の取扱い	□広告の除去		
	□正誤表・付図などの貼り込み		
	□他（　　　　　　　　　　　　　　　　　　　　　　　）		
注意事項	□折込資料あり		
	□ページなおし		
	□バーコード、IDラベルの貼付		
	□磁気テープ類の貼付		
	□欠号・欠頁の扱い		
	□目次・総索引の扱い		
備考			

(3) 展示環境記録（例）

展示環境記録

	記載年月日　　　年　　　月　　　日　記載者
	貸出資料名　　　　　　　　　　（　　冊）指定　　　　　　　　　　 展示会名称　　　　　　　　　　　　　　　　　　　　　　　　　 機関名　　　　　　　　　　　　　　　　　　　　　　　　　 　　　所在地　　　　　　　　　　　　　　　　　　　　　 貸出期間　　　年　　月　　日〜　　年　　月　　日 提示期間　　　年　　月　　日〜　　年　　月　　日

温度	展示室　□ 16°−21°C　□ 16°C以下　□ 21°C以上　□ その他（　　） 保管場所　□ 16°−21°C　□ 16°C以下　□ 21°C以上　□ その他（　　） □ 自動記録装置　□ その他（　　　　　　）
湿度	展示室　□ 40−60%RH　□ 40%RH以下　□ 60%RH以上　□ その他（　　） 保管場所　□ 40−60%RH　□ 40%RH以下　□ 60%RH以上　□ その他（　　） □ 自動記録装置　□ 除湿器　□ その他（　　　　　　）
光	光源　□ 蛍光灯（□ 無紫外線蛍光灯又は褪色防止蛍光灯） 　　　□ 白熱灯　□ 水銀灯　□ その他（　　　　　） 展示ケースの照明 　　□ 直接照明　□ 間接照明　□ 照度50ルクス以下　□ 照度50ルクス以上 スポットライト 　　□ 白熱電球　□ 水銀ランプ　□ コールド・スポットライト　□ その他（ ケース内照明　□ 有（　　　　　）　□ 無 外光　□ 窓（□ 東　□ 西　□ 南　□ 北） 　　　遮断　（□ ブラインド　□ カーテン　□ 紫外線防止フィルム　□ その他（ カタログ撮影　□ 有　□ 無
塵	空調設備　□ 完全ダクト式空調システム　□ 送風機　□ 自然空調 　　　　　□ 密閉シール（ドア・窓）　□ その他（
警備	□ 警備会社　□ 職員　□ その他（　　　　　　　） 　人数　　　　名 体制　□ 24時間　□ 開館時間　□ その他（　　　　　　　）
消防設備	□ 自衛消防隊　□ 消化栓　□ 消化器　□ スプリンクラー □ ハロゲン化ガス　□ その他（　　　　　　　　）
保険	（
輸送方法	□ 専門業者　□ 職員（　　名）　□ その他（　　　　　） 交通手段　□ 自動車　□ 鉄道　□ その他（　　　　　　　）
保管場所	
建物構造	□ 鉄筋　□ 鉄骨　□ モルタル　□ 木造 □ その他（　　　　　　　　　　） 展示室の位置　　　　　　　階建ての　　　　　階

備考	
	添付資料　□ 展示会場見取図　□ その他（　　　　　　　）

(4) 資料検証記録（例）

資料検証記録

記載年月日_____年____月____日　記載者_____

資料名_____カタログ番号_____
所蔵者_____指定_____
所在地_____

期間　　　　年　　　月　　　日　～　　　年　　　月　　　日

[資料の検証]
　寸法（タテ　　　　xヨコ　　　　xアツミ　　　　）
　形態　□　洋装本　□　和装本　□　軸物　□　一枚物　□　折本　□　ポスター（　　　枚）
　　　　□　絵画　□　書簡（　　通）　□　葉書（　　通）　□　写真（　　枚）
　　　　□　器物　□　その他（　　　　　）
　材質　□　紙　□　布　□　木　□　陶磁器　□　金属　□　ガラス・□　その他（　　　　）
　付属品　□　ケース　□　箱　□　額　□　その他（　　　　　　）
　※確認事項　□　表紙　□　タイトル・ページ　□　奥付　□　蔵書票・印　□　書き入れ・朱筆
　　　　　　　□　付箋・不審紙　□　その他（　　　　　）

備考

[状態の検証]
　□　紛失（　　　　　　　　）　□　ホコリ（　　　　　　　　　　　）
　□　剥落（　　　　　　　　）　□　カビ・フォクシング（　　　　　）
　□　裂傷（　　　　　　　　）　□　シミ（　　　　　　　　　　　　）
　□　虫損（　　　　　　　　）　□　レッド・ロット（　　　　　　　）
　□　変色・退色（色物）（　　）　□　クリーピング（　　　　　　　　）
　□　黄変（　　　　　　　　）　□　いたずら書き（□鉛筆　□ボールペン　□インク
　□　糸切れ・抜け（　　　　）　　　　　　　　　　□その他_____）
　□　紙折（　　　　　　　　）　□　セロテープ（　　　　　　　　　）
　□　落丁（　　　　　　　　）　□　サビ（　　　　　　　　　　　　）
　□　乱丁（　　　　　　　　）　□　異物混入（　　　　　　　　　　）
　□　紙葉癒着（　　　　　　）　□　その他（　　　　　　　　　　　）
　□　生抜け

・所蔵者の要望

・取扱い留意点

・備考

5.3 資料保存Q&A

Q1：図書館における「資料保存」とは、どういうことですか？

A：図書館の代表的な資料である「本」を考えてみましょう。近年、製本技術の機械化が進み、より速く大量に「本」の発行が可能になりました。その一方で、多種多様な製本材料が使用されたり、綴じ糸を使わない接着剤製本が主流になっています。図書館でたくさんの人が何度も繰り返し利用するには、構造的に弱い「本」が増えています。

「本」の材料は、紙や布、糸、糊などです。これらは、洋服のボタンが取れたり、裾の糸がほつれたりするように、何年も利用していくうちに傷むだけでなく、材料自体も弱くなります。また、「本」を読んだり、複写をとったりすると、ページや表紙が破れたり、取れたりします。こうした現象を「劣化」と言います。

資料が劣化すると、図書館に保管されているのに利用できないといった事態になってしまいます。それを防ぐために、図書館ではさまざまな保存対策を講じています。

図書館において資料を保存するということは、資料をただ保管しておくことだけではありません。図書館の基本的な使命は、資料を「いつでも、誰にでも、いつまでも利用できるようにしておくこと」なのです。

Q2：図書館資料の寿命はどれくらいですか？

A：図書館にはさまざまな形態の資料があります。図書や雑誌はもちろん、紙芝居や絵本、地図や古文書の他に、レコード、ビデオテープ、カセットテープ、音楽CD、DVD等があります。最近ではフロッピーディスクやCD-ROM等の電子メディアも増えてきました。

下表に、さまざま資料を適正な環境で保存した際の推定寿命を、現時点でわかっている範囲内でまとめました。紙やマイクロフィルムが比較的長期の保存に適しているのに対して、電子メディアは歴史が浅く、寿命についても未知の部分が多いため、長期の保存に適しているかどうか判断を下しにくいのが現状です。

種　類		寿　命
紙（中性紙）		250～700年
紙（酸性紙）		中性紙の1／4程度
マイクロフィルム（PETベース）		約500年
LPレコード		約100年
磁気テープ	ビデオテープ，カセットテープ	30年以上
フロッピーディスク		20年以上
光ディスク	CD-R	10～30年
	DVD-ROM	約30年

Q3:「酸性紙」、「中性紙」は何が違うのですか?

A: 普段私たちが読んでいる本に使われている紙は、木材パルプを原料としています。酸性紙とは、1850年代以降に、製紙の過程で、にじみ止めの定着材として硫酸アルミニウムを使用した紙を指します。紙自体に含まれる酸によって紙の繊維が食い荒らされ、数十年でボロボロになってしまいます。この現象を酸性劣化＊といいます。図書館にある近代の紙資料の多くが酸性紙を使っているため、その対策が課題となっています。

　一方、中性紙は、硫酸アルミニウムに代わり、にじみ止めとしてアルキルケテンダイマーなどを使っています。酸性劣化は生じないため、長期保存用の書籍や文書の用紙に適しています。

　日本では1980年代後半から出版物の本文用紙の中性化が進んでいます。国立国会図書館が毎年行っている新刊図書のpH値測定調査によれば、1990年以降は民間出版物の80%前後が中性紙を使用するにいたっています。一方、官庁・地方自治体の出版物では、1997年までは50%以下と低い値を示していましたが、近年では徐々にあがってきています。2004年は、両者とも、90%を超える値となっています。詳細は、『国立国会図書館月報』を参照してください。

＊一口メモ　「酸化」と「酸性化」の違いは?

　まぎらわしい言葉ですが、「酸化」と「酸性化」は違うものです。学校の理科の時間に習ったことを思い出して下さい。「酸化」は物質が酸素と化合することです。「酸性化」は溶液が酸性に変わること、あるいは溶液の酸性の度合いが増すことです。すなわち、2つは別の化学現象です。資料保存でいう酸性紙や脱酸性化処置の場合の「酸」は、硫酸などの「酸」と同じで酸素とは関係がありません。ですから、空気（酸素）がなくても「酸」による劣化は進みます。

　ところで「酸化」と「酸性化」が混同されやすいことには、もう1つ理由があります。紙に含まれている「酸」は紙の劣化の主な要因ですが、実は空気中に含まれる酸素による「酸化」によっても紙は劣化するという点です。それで話が混線しやすくなってくるのです。それでも紙の「酸による劣化」と「酸化による劣化」が異なることはしっかり理解しておきましょう。

Q4:「再生紙」とはどんな紙ですか?

A:「再生紙」とは、古紙をリサイクルして作った紙のことです。身近なところでは、複写用紙、ノート、トイレットペーパーなどに使われています。紙はリサイクルを繰り返すと、強度が落ちてきます。「再生紙」は、普通の紙に比べ、生まれつき弱い

紙と言えます。

「再生紙」にも「酸性紙」と「中性紙」があります。「中性の再生紙」には、①中性紙を再利用したものと、②回収した酸性紙を中性紙に作りかえたものとがあります。

一般的に、「中性の再生紙」は「酸性紙」よりは、長持ちすると言われています。それぞれの紙の寿命についてまとめると以下の通りです。

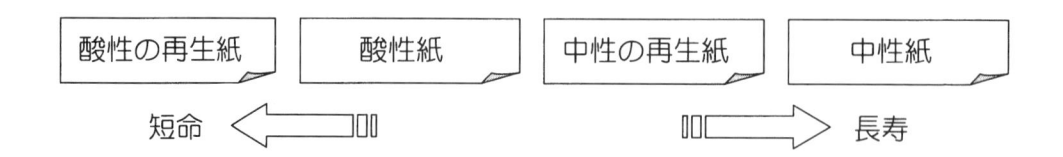

| 酸性の再生紙 | 酸性紙 | 中性の再生紙 | 中性紙 |

短命 ⇐   ⇒ 長寿

Q5：図書館では、どのくらいの図書が劣化しているのですか？

A：下のグラフは東京都立中央図書館、慶応大学研究・教育情報センター、早稲田大学図書館で所蔵する国内出版物を対象とした劣化調査の結果です。調査は、本文の紙を触って状態を見たり、変色の度合いをチェックして行います。

グラフを見ると、古い図書だから劣化しているというわけではないことがわかります。例えば、東京都立中央図書館で所蔵する1940年代の国内出版物については、10冊のうち約3冊の本が劣化しています。劣化の頂点が1940年代となっているのは、第二次世界大戦の影響で、物資が不足し紙質の悪い本が多く出版されたためと考えられます。

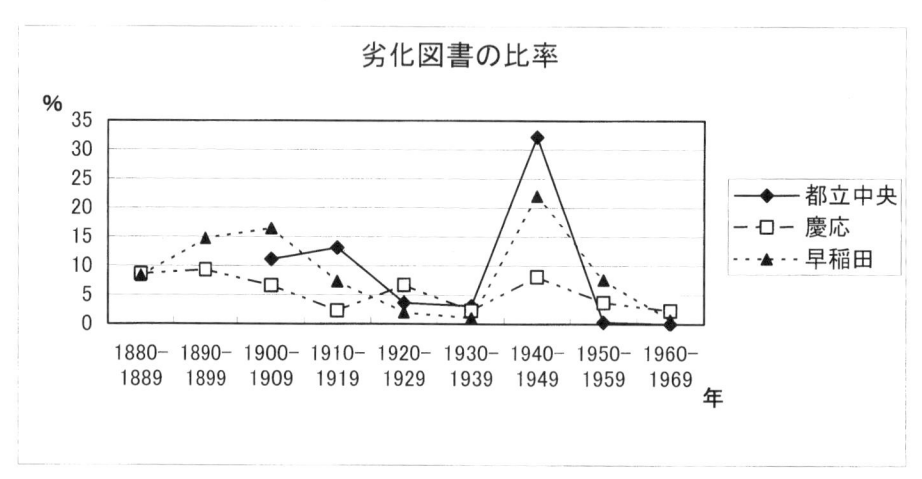

劣化図書の比率

凡例：都立中央、慶応、早稲田

横軸：1880-1889、1890-1899、1900-1909、1910-1919、1920-1929、1930-1939、1940-1949、1950-1959、1960-1969 年
縦軸：％ (0〜35)

Q6：図書館の本に透明なカバーがかかっているのはどうしてですか？

A：図書館の本は、館内での利用や貸出の際の持ち運び、ブック・ポストへの返却などを繰り返すことによって、傷んだり壊れたりしてきます。そこで、表紙の摩耗や汚破損を防ぎ、破れやすい表紙などを保護し補強するために、透明なフィル

ムカバーを貼っています。また、カバーをかけることによって、表紙が汚れた場合でも簡単に清掃することができます。

　一方で、布やビニール等の表紙には接着しにくかったり、薄い本にカバーを貼ると表紙がそり返ってしまうこともあります。また、いったんカバーを貼りつけてしまうと、それをはがして元の状態に戻すことは難しくなります。

　フィルムカバーの素材には、これまで主にポリ塩化ビニールが用いられてきました。しかし、これには可塑剤が含まれており劣化しやすいため、最近では化学的に安定しているポリプロピレンなどにかわってきました。

　以上のことから、フィルムカバーをかけることは、利用面では有効な資料保存対策となるものの、永く残したい本には不向きであると言えます。

Q７：本の保存に適した環境をつくるために気をつけることは何ですか？
A：保管環境を整えることは、手間や時間をかけないで資料の劣化を防ぐ最も良い方策です。

１温度・湿度

　本だけの保管環境を考えるなら、温度も湿度も低い方が紙に負担がかかりません。しかし、冷蔵庫のような所で本を読むことはできません。人が本を利用する図書館のような環境を考えると、温度 18 ～ 22℃、湿度 45 ～ 55％RHが適当と言えます。

　また、一日の温度と湿度の高低差が大きいと、紙の伸び縮みが繰り返され劣化が速まるので、一定に保つことが大切です。

２光

　紫外線は人間の体に悪影響を与えるだけでなく、本にとっても大敵です。紫外線の影響で、本の背表紙が変色したり、色があせたりします。図書館では、紫外線防止型蛍光灯を使用したり、窓に紫外線防止フィルムを貼ったりして、資料を守っています。こうした対策によって、紫外線の約 90％以上をカットすることができます。

３塵・埃

　書棚や本に付着する塵や埃は、汚れの原因になったり、カビを発生させる温床になったりします。それを防ぐために、書棚や本の定期的な掃除や、館内や書庫の空気清浄機のフィルター交換などを行うことも大切です。

４虫・カビ

　虫やカビなどの微生物は、紙や糊、利用の際に付いた手の油などを養分として繁殖し、資料を傷めます。

　もし虫・カビが発生したら、専門家に相談し、しかるべき対策を講じなければなりません。ただし、予防のためと称して定期的な燻蒸処置を行っても意味

がありません。燻蒸には、殺虫・殺菌効果はあっても、防虫・防菌効果はないからです。

Q8： 資料を利用するときに気をつけることは何ですか？

A： 図書館の資料は公共のものです。次に使う人のために、こわしたり、破ったり、シミをつけたりするようなことをしてはいけないのは当たり前です。でも知らず知らずにやっていることが結構あるのです。たとえば、

- 複写する時、綺麗に取ろうとして本のノド（中央）の部分をギュウッと押し付けたりしていませんか？
- 書棚から本を出す時、背の上の所に指をかけて引いたりしていませんか？
- たくさんの本を使って調べものをする時、開いたまま何冊も重ねたりしていませんか？
- 読みかけの本のページを開いたまま伏せたりしていませんか？
- ついついポテトチップスをつまんで、その手でページをめくったりしていませんか？
- 金属製クリップや糊つき付箋でページをマークしてはいませんか？
- 雨が降っているのに、むき出しの本を抱えて出かけたりしていませんか？

どれも知らず知らずにやっていますが、資料を傷めたり汚したりする原因になっているのです。こうしたことに気をつけて、みんなの資料を大切に使いましょう。

複写してご自由にお使いください

何年か後に、この本をもう一度
読み返してみたいと思いませんか？
本の寿命は、あなたの手にゆだねられています

（本のひとりごと）　僕のきらいなことは—
ジュースやお菓子をこぼされること、
落書きされたり切り取られたりすること、
よごれた手でさわられること—などさ!!

Q9：酸性紙の劣化を防ぐ有効な対策に「脱酸性化処置」があると聞きますが、それは具体的にはどういうことですか？

A： 適正な温度・湿度を一定に保つなど保管環境を整えることにより、酸性劣化の進行速度を抑えることはできます。しかし、最も確実な対策は、紙自体に含まれる酸をアルカリ物質で中和し、アルカリ緩衝剤を残留させる処置です。この化学的な処置を「脱酸性化処置」と言います。脱酸性化処置には、少量の資料を対象にしたものと大量の資料を対象にしたものとがあります。カルシウム、マグネシウムなどを含む水溶液に浸漬したり、刷毛で塗布したりする少量脱酸性化処置は既に数十年の実績があり、紙資料の保存性の向上に役立っています。しかし、少量脱酸性化処置は手間がかかり、大量の資料を処理するのには不向きです。

　そこで、本を解体することなく大量に一括処置する方法として、大量脱酸性化処置が研究され実用化が進んでいます。日本でも、DAE 法（乾式アンモニア・酸化エチレン法）が開発され、既に実用化されています。

Q10： 資料を災害から守るために図書館ではどうしていますか？

A： 地震、火災、洪水などの災害によって、大量の資料が壊れたり劣化したり消失したりすることがあります。図書館では、書架の転倒防止器具を使ったり、喫煙場所を限定したり、特に大切な資料はケースや箱に入れたり ─ いろんな工夫で被災を予防しています。災害が起こった時には、第一発見者が適切に通報し初期対応ができるよう、図書館職員の防災教育・訓練も行っています。しかし、どんな場合でも人命第一です。万一の時は、職員の誘導に従ってすばやく避難してください。

　ところで、被災した資料はあきらめるしかないのでしょうか？ いいえ、灰になった本は元に戻せませんが、濡れた本は救える場合があります。専門家に相談してみましょう。同じ資料を他館から譲ってもらうという方法も考えられます。

　このように、図書館では、組織全体の防災意識を高める努力や、消防・修復等の専門家との連携、他館との協力などにより、災害に負けない力をつけようとしています。

Q11：図書館では、CD-ROM、DVD-ROMなどの電子メディアも保存しているのですか?

A：CD-ROM、DVD-ROMやインターネットを検索すれば、生活やビジネス、趣味・娯楽に関する情報から専門的な学術情報にいたるまで、さまざまな情報を入手できます。図書館でも、単に本を貸出すだけでなく、パソコンを設置してCD-ROM検索やインターネット接続などのサービスを提供するところが増えてきました。

しかし、CD-ROM、DVD-ROMやインターネット上の情報には、時間が経つと利用できなくなるものが生じるという弱点があります。例えば、コンピュータ技術は移り変わりが激しいため、数年前のCD-ROM、DVD-ROMでさえ現在のパソコンでは読めないものがあります。また、インターネット上の情報は保存されにくいので、いったん消去された情報は永遠に失われてしまうこともあります。

図書館を訪れる人たちが、これらの情報を利用する機会をどのように保証していくかが図書館の今後の課題です。電子メディアそのものだけでなく、情報を読み取るためのハードウエアやソフトウエアの保存を考えていくことなども解決策の一つと言えます。いずれにしても個々の図書館だけで解決できる問題ではないため、関係各機関と協力しながら対策を講じていかなければなりません。

―日本図書館協会 資料保存委員会編集「りーふれっと資料保存（2 資料保存Q&A）」―

5.4 参考文献

【総論】

- 青木睦ほか「資料保存の科学」小川千代子ほか編著『アーカイブ事典』大阪大学出版会，2003年，p.181-212.
- 青木睦ほか「アーカイブズの保存と修復」国文学研究資料館史料館編『アーカイブズの科学　下』柏書房，2003年，p.297-422.
- エドワード・P. アドコック編『IFLA 図書館資料の予防的保存対策の原則（シリーズ本を残す⑨）』日本図書館協会，2003年，155p.
- 竹内秀樹「図書館資料論　資料保存」『図書館界』53(3), 2001年, p.345-354.
- 木部徹「近・現代の紙資料を残すために－方策の再検討と提案－」『図書館雑誌』93(5), 1999年，p.361-363.
- 蛭田廣一「資料の保存」三多摩郷土資料研究会編『地域資料入門』日本図書館協会，1999年，p.209-253.
- 日本図書館協会資料保存委員会編著『目で見る「利用のための資料保存」（シリーズ本を残す⑥）』日本図書館協会，1998年，57p.
- 木部徹「近・現代紙資料群への保存手当て－　①新しい方法論の必要性－　②まず予防，つぎに代替」『Better Storage』(141,142), 1997年.
- 安江明夫，木部徹，原田淳夫編著『図書館と資料保存－酸性紙問題からの10年の歩み－』雄松堂，1995年，453p.
- 日本図書館協会資料保存委員会編『資料保存ワークショップ記録集』日本図書館協会，1995年，147p.
- 「記録史料の保存・修復に関する研究集会」実行委員会編『記録史料の保存と修復－文書・書籍を未来に遺す－』アグネ技術センター，1995年，240p.
- ジャンヌ＝マリー・デュロー，デビッド・クレメンツ『IFLA 資料保存の原則（シリーズ本を残す①）』日本図書館協会，1987年，63p.

【補修】

- 増田勝彦，岡本幸治，石井健「西洋古典資料の組織的保存のために－第1回西洋古典資料保存講習会から－」『一橋大学社会科学古典資料センターStudy Series』(47), 2001年, p1-52.
- 神谷まさ子「重傷資料治療法－次世代に資料を残すために－」『図書館雑誌』94(4), 2000年，p.244-247.
- 小原由美子『図書館員のための図書補修マニュアル』教育史料出版会，2000年，156p.
- 中藤靖之『古文書の補修と取り扱い』雄山閣出版，1998年，221p.

- 国立国会図書館編『コンサベーションの現在－資料保存修復技術をいかに活用するか－第6回資料保存シンポジウム講演集』日本図書館協会，1996年，115p.
- 遠藤諦之輔『古文書修補六十年』汲古書院，1996年，244p.
- アンソニー・ケインズ，パウル・シーアン，キャサリン・スウィフト『「治す」から「防ぐ」へ－西洋古刊本への保存手当て（シリーズ本を残す⑤）』日本図書館協会，1993年，82p.
- 鈴木英治『紙の劣化と資料保存（シリーズ本を残す④）』日本図書館協会，1993年，126p.
- 相沢元子，木部徹，佐藤祐一『容器に入れる－紙資料のための保存技術（シリーズ本を残す③）』日本図書館協会，1991年，73p.
- 栃折久美子『手製本を楽しむ』大月書店，1984年，215p.
- 池上幸二郎，倉田文夫『本のつくり方』主婦と生活社，1979年，153p.
- 菅野英二郎『皮革の実際知識』東洋経済新報社，1975年，211p.
- 古野健雄『図書館の製本』日本図書館協会，1972年，239p.
- 東京都立中央図書館企画『図書の修復－正しい製本の知識と基礎的な技術』（ビデオ）東京都映画協会，1999年，42分／VHS

【環境】
- 三浦定俊，佐野千絵，木川りか『文化財保存環境学』朝倉書店，2004年，200p.
- 『文化財の虫菌害と防除の基礎知識』文化財虫害研究所，2002年，143p.
- 稲葉政満『図書館・文書館における環境管理（シリーズ本を残す⑧）』日本図書館協会，2001年，71p.
- 東京文化財研究所編『文化財害虫事典－博物館・美術館におけるIPM（総合的害虫管理）推進のために』クバプロ，2001年，231p.
- ギャリー・トムソン『博物館の環境管理』雄山閣出版，1988年，220p.

【展示】
- 小高英夫「古典籍を展示する」『ネットワーク資料保存』(38)，1994年，p.1-4.
- 田邊三郎助ほか『美術工芸品の保存と保管』フジ・テクノシステム，1994年，521p.

【災害】
- 『資料が燃えた！その時、あなたは－火災実験と応急対応－』全国歴史資料保存利用機関連絡協議会防災委員会，1999年，29p.
- サリー・ブキャナン『図書館，文書館における災害対策（シリーズ本を残す⑦）』

日本図書館協会，1998 年，113p.
- 『文書館の防災に向けて』全国歴史資料保存利用機関連絡協議会防災委員会，1998 年，50p.
- 日本図書館協会資料保存委員会編『災害と資料保存』日本図書館協会，1997 年，159p.
- 小川雄二郎監修『図書館・文書館の防災対策』雄松堂，1996 年，260p.

【写真等】
- 荒井宏子，河野純一，高橋則英，吉田成『写真資料の保存（シリーズ本を残す⑩）』日本図書館協会，2003 年，132p.
- 武者小路信和，上田修一「メディアの保存」図書館情報学ハンドブック編集委員会編『図書館情報学ハンドブック』丸善，1999 年，p.306-318.
- 日本写真学会画像保存研究会編『写真の保存・展示・修復』武蔵野クリエイト，1996 年，200p.
- ローレンス・E. キーフ，デニス・インチ『写真保存の手引き－現像・保管・展示のしかた－』雄山閣出版，1995 年，246p.

　なお、海外の資料保存関連機関には、資料保存に関する具体的な方策のマニュアルの刊行やウェブ上の配信を行っている機関がある。本書では、現時点で取り組みやすいであろう方策の掲載に心がけた。今後それぞれの機関が資料保存の対策を推し進め、独自のマニュアルを作成する際には、ぜひ海外の参考資料も参照して、よりよいものにしていただければ幸いである。比較的入手しやすい海外の参考資料の一部を下記にあげる。

- Sherelyn Ogden ed. *Preservation of Library & Archival Materials: A Manual.* 3rd ed., rev. and expanded. Northeast Document Conservation Center, 1999, 412p.
  <http://user823621.sf1000.registeredsite.com/plam3/manhome.htm>
- Ritzenthaler, Mary Lynn. *Preserving Archives and Manuscripts.* Society of American Archivists, 1993, 225p. (SAA Archival Fundamentals Series).
- *Canadian Conservation Institute Technical Bulletin.* Canadian Conservation Institute, 1975-. (ISSN 0706-4152)
- *National Park Service Conserve O Gram Series.* Superintendent of Documents, Government Printing Office service.
  <http://www.cr.nps.gov/museum/publications/conserveogram/cons_toc.html>

5.5 専門・関連機関 (2016年10月現在)

【公益社団法人　日本図書館協会　資料保存委員会】
　　問合せ先　　〒104-0033　東京都中央区新川 1-11-14
　　　　　　　Tel: 03-3523-0812　Fax: 03-3523-0842
　　　　　　　URL: http://www.jla.or.jp/hozon/index.htm

【国立国会図書館　収集書誌部　資料保存課】
　　問合せ先　　〒100-8924　東京都千代田区永田町 1-10-1
　　　　　　　Tel: 03-3581-2331（代表）
　　　　　　　URL: http://www.ndl.go.jp/jp/aboutus/preservation/index.html

【東京都立中央図書館　資料保全室】
　　問合せ先　　〒106-8575　東京都港区南麻布 5-7-13
　　　　　　　Tel: 03-3442-8451　Fax: 03-3447-8924
　　　　　　　URL: http://www.library.metro.tokyo.jp/about_us/syusyu_hozon/siryou_
　　　　　　　　　　hozon/tabid/2104/Default.aspx

【国文学研究資料館】
　　問合せ先　　〒190-0014　東京都立川市緑町 10-3
　　　　　　　Tel: 050-5533-2900（代表）
　　　　　　　URL: http://www.nijl.ac.jp

【独立行政法人　国立公文書館】
　　問合せ先　　〒102-0091　東京都千代田区北の丸公園 3-2
　　　　　　　Tel: 03-3214-0621　Fax: 03-3212-8806
　　　　　　　URL: http://www.archives.go.jp

【独立行政法人　文化財研究所　東京文化財研究所】
　　問合せ先　　〒110-8713　東京都台東区上野公園 13-43
　　　　　　　Tel: 03-3823-2241　Fax: 03-3823-2434
　　　　　　　URL: http://www.tobunken.go.jp

【公益社団法人　文化財虫菌害研究所】
　　問合せ先　　〒160-0022　東京都新宿区新宿 2-1-8　エスケー新宿御苑ビル 6 階
　　　　　　　Tel: 03-3355-8355　Fax: 03-3355-8356
　　　　　　　URL: http://www.bunchuken.or.jp

【情報保存研究会（JHK）】
　問合せ先　　〒153-0043　東京都目黒区東山 3-1-19-1001　㈱ブリッシュ気付
　　　　　　　E-mail: info@e-jhk.com
　　　　　　　URL: http://www.e-jhk.com

【全国歴史資料保存利用機関連絡協議会】
　問合せ先　　事務局：〒330-0063　埼玉県さいたま市浦和区高砂 4-3-18　埼玉県立文書館
　　　　　　　Tel: 048-865-0112
　　　　　　　URL: http://jsai.jp

【公益社団法人　日本文書情報マネジメント協会】
　問合せ先　　〒101-0032　東京都千代田区岩本町 2-1-3　和光ビル 7F
　　　　　　　Tel: 03-5821-7351　Fax: 03-5821-7354

■■専門業者■■

【株式会社　Conservation for Identity】
　問合せ先　　〒336-0016　さいたま市南区大谷場 2-4-5-201
　　　　　　　Tel: 048-711-1111　Fax: 048-711-1110
　業務内容　　洋古書の修復

【アトリエ・ド・クレ】
　問合せ先　　〒369-1246　埼玉県大里郡寄居町富田 1754-3
　　　　　　　Tel: 048-582-1593　Fax: 048-582-1593
　　　　　　　E-mail: BXW03760@nifty.ne.jp
　業務内容　　書籍・紙資料の修復

【有限会社　紙資料修復工房】
　問合せ先　　〒181-0002　三鷹市牟礼 4-22-16
　　　　　　　Tel: 0422-26-5006　Fax: 0422-26-5007
　　　　　　　E-mail: info@padocs.co.jp
　　　　　　　URL: http://www.padocs.co.jp
　業務内容　　紙資料への保存修復処置
　　　　　　　専門的保存修復処置
　　　　　　　予防的処置・回避的処置・媒体変換のための処置

【キハラ株式会社】
問合せ先　〒101-0062　東京都神田駿河台3-5
　　　　　Tel: 03-3292-3301（代表）　Fax: 03-3291-5198
業務内容　図書館用品・機材、資料保存用品の製造・販売

【株式会社　コスモスインターナショナル】
問合せ先　〒153-0064　東京都目黒区下目黒3-1-22 谷本ビル
　　　　　Tel: 03-3494-8621　Fax: 03-3494-8622
　　　　　E-mail: okada@cosmosint.co.jp
　　　　　URL: http://www.cosmosint.co.jp
業務内容　情報・資料保存機関向け写真管理システムの提案
　　　　　写真整理用品、保存用品の販売
　　　　　画像データベース・システムの提案
　　　　　写真整理業務の代行

【紙舗　直（しほ　なお）】
問合せ先　〒112-0001　東京都文京区白山4-37-28
　　　　　Tel: 03-3944-4470　Fax: 03-3944-4699
業務内容　和紙・刷毛等の販売

【有限会社　資料保存器材】
問合せ先　〒113-0021　東京都文京区本駒込2-27-16 富士前ビル
　　　　　Tel: 03-5976-5461　Fax: 03-5976-5462
　　　　　E-mail: mail@hozon.co.jp
　　　　　URL: http://www.hozon.co.jp
業務内容　紙媒体記録資料の利用及び保存のための修復
　　　　　アーカイバル容器の製造・販売
　　　　　紙媒体記録資料の劣化状況及び保管環境調査

【製本工房リーブル】
問合せ先　〒113-0033　東京都文京区本郷1-4-7　協和ビル3F
　　　　　Tel: 03-3814-6069　Fax: 03-3814-6069
業務内容　製本用品（道具・材料）販売、製本教室、出張教室
　　　　　手製本受注、特装本制作、本の修理・修復、マーブル紙制作

【株式会社　ＴＴトレーディング（特種東海製紙株式会社代理店）】
問合せ先　〒104-0028　東京都中央区八重洲2-4-1　ユニゾ八重洲ビル6階
　　　　　Tel: 03-3273-8516　Fax: 03-3273-8518
　　　　　E-mail: info-tp@m.tt-paper.co.jp
　　　　　URL: http://www.tokushu-papertrade.jp
業務内容　保護紙素材の販売
　　　　　保護用品の製造と販売

【日本ファイリング株式会社】
問合せ先　〒101-0062　東京都千代田区神田駿河台3-2　新御茶ノ水アーバンビル
　　　　　Tel: 03-5294-3029　Fax: 03-5294-3015
　　　　　E-mail: y.tsuchida@nipponfiling.co.jp
　　　　　URL: http://www.nipponfiling.co.jp
業務内容　図書館保管システム、家具、備品の開発、製造販売
　　　　　図書・資料や文化財の保存環境対策製品の開発、製造販売
　　　　　図書・資料の大量脱酸性化処置

【フィルムルックス株式会社】
問合せ先　〒162-0812　東京都新宿区西五軒町6-10　秋山ビル
　　　　　Tel: 03-3269-0491　Fax: 03-3269-4209
　　　　　E-mail: filmolux@filmolux.co.jp
　　　　　URL: http://www.filmolux.co.jp/
業務内容　図書館資料装備・補修用品の販売
　　　　　酸性紙資料脱酸性化処置システム輸入販売
　　　　　図書館資料の整理、装備、データ作成
　　　　　図書館運営ソフトの制作、販売

【株式会社　プリザベーション・テクノロジーズ・ジャパン】
問合せ先　〒338-0007　さいたま市中央区円阿弥7-3-23
　　　　　Tel: 048-795-7345　Fax: 048-795-7346
　　　　　E-mail: info@ptj.co.jp
　　　　　URL: http://www.ptlp.com
業務内容　ブックキーパー技術による大量脱酸処理
　　　　　ブックキーパー製品の販売
　　　　　環境調査など、資料保存に関するコンサルティング業務

【ナカバヤシ株式会社】
問合せ先　〒174-8602　東京都板橋区東坂下 2-5-1
　　　　　Tel: 03-3558-1251　Fax: 03-3558-1260
　　　　　E-mail: hkoyama@nakabayashi.co.jp
　　　　　URL: http://www.nakabayashi.com
業務内容　紙資料修理
　　　　　保存用品作製
　　　　　環境対応
　　　　　媒体変換

【ラーソン・ジュール・ニッポン株式会社】
　　　　　CXD（コンサベーション・バイ・デザイン）事業部
問合せ先　〒242-0024　神奈川県大和市福田 6-8-2
　　　　　Tel: 046-215-2061　Fax: 046-215-2055
　　　　　URL: http://www.cxd-japan.com
業務内容　保存用品・展示用品の輸入・製造、販売
　　　　　（イギリスのコンサベーション・バイ・デザイン社、フランスのストゥルズ社）

【株式会社　パレット】
問合せ先　〒259-0113　神奈川県中郡大磯町石神台 3-11-3
　　　　　Tel: 0463-70-6444　Fax: 0463-72-3157
　　　　　E-mail: toiawase@paret.jp
　　　　　URL: http://www.paret.jp
業務内容　史料、書籍、絵画、美術工芸品、文化財の保存修復材料、機材の製造、販売、輸出入

（本書に関係ある専門業者を参考のために掲載した）

索引

【アルファベット順】

DAE法（乾式アンモニア・酸化エチレン法） 50
HEPAフィルター 47
　→吸引装置をも見よ
HPC（ヒドロキシ・プロピル・セルロース） 80,81
IFLA 4,53
pH（水素イオン濃度） 9,15,50,79
　－ストリップ 15
　－ストリップインディケーター 15
　－測定（法） 14,15
　－調整 13
PVA（ポリビニルアルコール） →糊＊
PVAc（白ボンド、ポリビニルアセテート） →糊＊

【五十音順】

●あ行

間紙 9,10
アイロン　→低温アイロン
青写真　→シアノタイプ
足 11,21,22
当紙　→掛軸＊
アート紙 49
亜硫酸ガス　→汚染ガス＊
アルカリ緩衝剤（アルカリバッファー） 9,10,50
アルカリバッファー　→アルカリ緩衝剤
　－紙 10,38
　－紙ボード 28
アルカリ溶液　→脱酸性化処置溶液
アルミニウム塩 78
一枚物 5,10,30,36,38,41,45-46,47,50,55
異物の除去 20
インク 8,20,43,45,48
　＊印刷インク 43
　＊カーボンブラックインク 50
　＊水性インク 53
　＊ブルーブラックインク 28,51
　＊没食子インク 28,51
印刷インク　→インク＊
裏打ち 13,89,90
　－キャラコ（背貼り布） 73,74
上向き複写機　→複写機＊
エタノール 14,48,58,59,80
　＊消毒用エタノール 47
　＊無水エタノール 47,81
閲覧 18-19,38,48,82-83
汚染ガス 9,10,37,38,53,54,87
　＊酸性ガス 10,37
　＊大気汚染ガス（亜硫酸ガス） 10,79
　＊排気ガス 37
　＊ホルムアルデヒド 10,37
折り癖 59
温度 3,28,47,49,52-53,79

●か行

外光　→光
害虫捕獲器　→トラップ
カイルラッパー 10,28-30
化学糊　→糊＊
書き込み 41,42
掛緒　→掛軸＊
掛け金具 55,85,86
掛軸 55,83,84,85-88
　＊掛緒 83,85,86,87
　＊軸先 83,85,87
　＊軸枕（軸受） 87
　＊中廻し 83,85,86
　＊八双 83,85,86,87
　＊風帯 83,85,86
　＊巻緒（巻紐） 83,85,86,87
　＊巻紙（当紙、紐当紙） 85,86,87

貸出・返却（出納）　3,17,19-20,48
合冊製本　→製本＊
カビ　43,47,48,50
　　－害　43,47-48
　　－の発生　2,3,17,43,50
カーボンブラックインク　→インク＊
紙の目　6,7,12,29,33,62
　　＊タテ目　7,12
　　＊ヨコ目　7,12
革、皮（皮革）　16,78,79,80
　　－装本　16,28,33,51,78-81
環境管理　2
環境整備　52
乾式アンモニア・酸化エチレン法　→DAE法
巻子（巻物）　36,41
　　－箱　36
　　－本　55,83-85,87,89
　　＊巻緒（巻紐）　83,84
漢籍　→唐本
雁皮　→和紙＊
寒冷紗　72,73
吸引装置　41,43,44,47,64
　　→HEPAフィルター、サクションテーブルをも見よ
牛脚油　→ニーツ・フット・オイル
共同保存　5
切取り　18-19,20
桐箱　87
記録紙　→資料検証記録
銀鏡化　37
金属留め具　→（金属）留め具
金属針　23,25,31,32,57
　　→留め具（金属）、針金をも見よ
喰い裂き　61,63
空気清浄機　43,47
空気の循環　3,49
空気の停滞　47
空気の澱み　3
空調　47,52
　　－設備（冷暖房空調システム）　3,52
クータ　10,68-69,71,74

クリップ　57,58
くるみ　13,74,77
　　－直し　72
クロス（布）　16,41,69,71
　　－装丁　42
　　－装本　16
　　－の段差　71
　　－貼り　13
　　＊ワイピングクロス　42,43,44,46
燻蒸　48
　　＊定期燻蒸　48
蛍光灯　3,53
　　＊紫外線防止型蛍光灯　3,53
消しゴム　41,42,43,46,82
　　＊粉消しゴム　43,45
　　＊練消しゴム　42,44,45,46,47
　　＊プラスチック消しゴム　42,46,79
結露　3,17
ケミカルスポンジ　41,42,44,45,46
原形保存　27,82
楮（楮紙）　→和紙＊
小口　27,44,55
　　＊天小口　43
　　＊前小口　16,32,33,65,74,75,76,77,78
胡蝶装　90
コート紙　49
粉消しゴム　→消しゴム＊
こぶ綴じ　→綴じ＊
紙縒り　57,58,90,91,92
　　－の作り方　91,92
混合糊　→糊＊
梱包　9
　　－技術　56
　　－材料　56

●さ行

災害　2,8,28
　　－対策　2
サイジング　9
　　→ロジンサイジングをも見よ

再製本　→製本＊
再補修　→補修＊
サクションテーブル　41,43
　　→吸引装置をも見よ
冊子　40,49,57
　　－体　90
　　－本　90
錆　57
酸化マグネシウム　50
酸性化　9
酸性ガス　→汚染ガス＊
酸性紙　4,8-9,11,38,50,83
酸性（汚染）物質　9,10,28,38,51
酸性劣化　25,27
酸の移行　→マイグレーション
シアノタイプ（青写真）　28,38,51
シェルボックス（夫婦函）　36
しおり（中性紙のしおり）　18,20,83
紫外線　8,21,53,79
　　→光をも見よ
　　－除去フィルター　3,53
　　－防止型蛍光灯　→蛍光灯＊
　　－防止フィルム　3,53
軸　83,84,85,87
　　－受　→軸枕
　　－先　→掛軸＊
　　－枕（軸受）　→掛軸＊
事前製本　→製本＊
湿度　3,28,47,49,52-53,55
　　→相対湿度をも見よ
シミ　12,14,17,23,41,47,59,89
（資料）借用・貸出　56
写真　19,28,36,37,51
　　－資料　10,37
　　－保存用封筒　37　→中性紙封筒、封筒をも見よ
修復　90
集密書架　→書架
修理製本　→製本＊
上製本　→製本＊
消毒用エタノール　→エタノール＊

生麩糊　→糊＊
　　－の濃さと用途　13
照明　53
少量脱酸性化処置　→脱酸性化処置＊
書架（集密書架）　3,10,16,17,30,43,48,67
　　－からの取り出し　18
　　－清掃　→清掃
　　－整頓　3,16
　　－の配置　3,47
書庫　3,16,47
　　－清掃　→清掃
除籍　4
　　－基準　4
シリコン塗布紙　67,70
資料検証記録（記録紙）　56,101
資料状態記録　52,55
資料の構造　6,8,83
白ボンド　→糊＊
皺伸ばし　89
芯紙　→背芯紙
真空凍結乾燥法　→フリーズドライ
靭皮繊維　11
水害　3,48-50
水酸化カルシウム　51
　　－水溶液　50
水酸化バリウムメタノール溶液　50
水酸化マグネシウム　51
水性インク　→インク＊
水性脱酸性化処置溶液　50-51
水素イオン濃度　→pH
出納　→貸出・返却
ステープル　23,25,31,57,58
スポットテスト　14,15,48,51,58,80
精製ラノリン　79,80
清掃（書架清掃、書庫清掃、定期清掃）　3,16,41,42,47
製本　5,6,8,16,24-27,32,50,64,75,78
　　－基準　24
　　－業者　25,26
　　－仕様　26
　　－仕様書　24,99

－用布テープ　32
　　＊合冊製本　24,26
　　＊再製本　6,24
　　＊事前製本　2,24,25
　　＊修理製本　24,27
　　＊上製本　25
　　＊図書館製本　24
　　＊パンフレット製本　17,25,31-32
背固め　13,72,73,74
赤外線　53
セキュリティ　54
背芯紙（芯紙）　69,70,71,74
接着剤　20,25,29,35,72,75,76,83
　　－付フィルムカバー　→フィルムカバー＊
接着力　12,13,21
背の取れた資料の補修　67-71
背貼り布　→裏打ちキャラコ
セロファンテープ　58
　　－の除去　58
線装本　→袋綴
相互貸借システム　5
相対湿度　3,79
　　→湿度をも見よ
装備　20-23,82
ソーダカートリッジ　51
ソーダサイフォン　51

●た行
大気汚染ガス（亜硫酸ガス）　→汚染ガス＊
大気汚染物質　52
退色　2,14,37,53
題せん　90
代替物　4
　　－の作製　4
　　－の利用　19
大量脱酸性化処置　→脱酸性化処置＊
脱酸性化処置　2,9,38,50-51,79
　　－効果　50
　　－溶液（アルカリ溶液）　13,14
　　＊少量脱酸性化処置　50-51

　　＊大量脱酸性化処置　50
縦置き　17
タテ目　→紙の目＊
畳紙　10
炭酸カルシウム　13
炭酸水素カルシウム水溶液　50
炭酸水素マグネシウム水溶液　50
地券紙　69,70,74
帙　10,35
虫害（虫）　2,3,47-48
中性紙　9,10,11,20,25,55,68,73,77,80,82,83,87,88
　　－封筒　31,58　→写真保存用封筒、封筒をも見よ
　　－ポケット　21
　　－ボード　17,89,90　→ボード紙をも見よ
虫損直し　89
中廻し　→掛軸＊
長期保存　11,12,21,25,26,57,58,61
調湿　10
　　－剤　52
　　－紙　10,52,53
直射日光　→光
楮紙　→楮
塵　2
継ぎ直し　89-90
筒状紙ヤスリ　62-63,65
包み紙　87-88
低温アイロン（アイロン）　58,59
定期燻蒸　→燻蒸＊
定期清掃　→清掃
デジタル化　4
デジタル資料　4
綴葉装　90
典具帖　→和紙＊
天小口　→小口＊
展示　2,36,38,40,52-56
　　－替え　52
　　－環境　52,56
　　－環境記録　56,100
　　－ケース　52,53,54,56
　　－室　53,54,56

－資料の借用・貸出　56
　　－方法　52,54
電子化　37
転倒防止対策　3
でんぷん糊　→糊＊
トウイング革　78,79
唐本（漢籍）　92-93
綴じ　31,32,35,40,57,58,64,72,76,77,90,92,93
　　＊こぶ綴じ　92
　　＊綴じ切れ　27
　　＊綴じ直し　23,25,57,76,89,92-93
　　＊綴じの外れ　35
　　＊中綴じ（坊主綴）　89,90,91,92,93
　　＊なめ綴じ　92
綴じ切れ　→綴じ＊
綴じ直し　→綴じ＊
綴じの外れ　→綴じ＊
図書館製本　→製本＊
留め具（金属）　29,35,36,57-58
　　→金属針、針金をも見よ
トラップ（害虫捕獲器）　48
取り扱い（ハンドリング）　2,3,4,6,8,16-20,24,38,
　　41,48,55,79
　　＊和装本の取り扱い　82-88
鳥の子紙　→和紙＊

●な行
「治す製本」　24,27
中綴じ（坊主綴）　→綴じ＊
鞣し革　78
なめ綴じ　→綴じ＊
膠　72
2穴フォルダー　→フォルダー
二酸化炭素　51
にじみ　12,14,48
　　－止め　8,11
日光　→光
ニーツ・フット・オイル（牛脚油）　79,80
練消しゴム　→消しゴム＊
ノド部の補修　66-67

糊　7,9,12-14,59,62,65,66,67,69,70,71,73,74,76,
　　77,78,83,89,90,92
　　－入れ　74
　　－差し　89
　　＊PVA（ポリビニルアルコール）　13,29,31,34
　　＊PVAc（白ボンド、ポリビニルアセテート）　12,13
　　＊化学糊　12,13,18,89
　　＊混合糊　13
　　＊生麩糊　12,13,20,61,63,72,89
　　＊でんぷん糊　12
　　＊メチルセルロース　13,72
ノンバッファー紙　10,28,37,38
　　－ボード　28

●は行
排架　3,16-17,29,82
廃棄　4
　　－基準　4
排気ガス　→汚染ガス＊
パーチメント　78,79
八双　→掛軸＊
花布　68,73
針金　25,57
　　→金属針、留め具（金属）をも見よ
ハンドリング　→取り扱い
パンフレット　17,25,28,31,32
　　－製本　→製本＊
　　－ボックス　17
皮革　→皮、革
光（外光、直射日光、日光）　2,3,28,52,53,79
　　→紫外線をも見よ
ヒドロキシ・プロピル・セルロース　→HPC
紐当紙　→掛軸＊
表紙の外れ　72-75
表紙の破れ　17
平置き　17,82
開き癖　23
平綴じ　25,76
ピン（虫ピン）　57,58
フィルムエンキャプシュレーション　→ポリエステ

　　　　ルフィルム封入法
フィルムカバー　21
　　＊接着剤付フィルムカバー　21,23
風帯　→掛軸＊
風鎮　85
封筒　10
　　→写真保存用封筒、中性紙封筒をも見よ
フォルダー（2穴フォルダー）　10,31,36,40
　　→ポケットフォルダーをも見よ
複写　7,19,25,26,27,38,75
　　－機　18,19
　　－基準　19
　　－制限　19
　　＊上向き複写機　19
複製物　4
袋綴（線装本）　90-93
「防ぐ製本」　24,25-26
付箋紙（化学糊付付箋紙）　18,83
付属資料　21-23
蓋付き箱　35
縁糊　90
ブックエンド　17
ブックカバー　9,10,33,80
ブックキーパー法　50
ブックシュー　17,33-34
ブックトラック　17
ブックマット　36-37
太巻芯（太い巻軸）　88
不要物の除去　23
プラスチック消しゴム　→消しゴム＊
フラットニング　59-61
フリーズドライ（真空凍結乾燥法）　49,50
ブルーブラックインク　→インク＊
文書ファイルボックス　35
分担保存　5
ページの欠損　11,63,64
ページの固着　49
ページの裂け　17,46
ページの抜け落ち　64-65
ページの外れ　25,27,57,75

ページの破れ　61-63
ベラム　78,79
返却　→貸出・返却
変形　33,49
変色　2,8,9,27,37,58
坊主綴　→綴じ＊
包装材料　10
保革油　79-80,81
保管環境　2,3,8,24,27,41,47,48,79
保管方法　4
ポケットフォルダー　10,30-31
　　→フォルダーをも見よ
保護用紙　9-10,28,37,87
埃　2,3,16,28,41,42,43,44,79,86
補修　4,6,7,9,11,12,13,14,41,52,55,57,61,67,69,72
　　－材　58
　　－材料　11,12
　　－テープ　58,59,61
　　－テープの除去　58-59
　　－に使う水　14
　　＊再補修　9
　　＊和装本の補修　89-93
保存計画　1,5
保存方策　1,2,3,4,5,98
保存方針　1,4,5,27
保存容器（容器）　2,3,9,10,13,24,27-41,55,87
ボード（紙）　9,10,31,32,34,62,65,74,82
　　→中性紙ボードをも見よ
ポリエステルテープ　55
ポリエステルフィルム　15,38,39,40
　　－の厚み　38
　　－封入法（フィルム・エンキャプシュレーション）
　　　28,38-41
ポリビニルアセテート　→糊＊
ポリビニルアルコール　→糊＊
ホルムアルデヒド　→汚染ガス＊

●ま行
マイグレーション（酸、オイルの移行）　8,9,16,23,37
マイクロ化　4

マイクロ資料　4

前小口　→小口＊

巻緒（巻紐）　→掛軸＊、巻子本＊

巻紙（当紙、紐当紙）　→掛軸＊

巻き癖　59

巻紐　→掛軸＊、巻子本＊

巻物　→巻子

マットボード　9,10,36,55

松ヤニ　→ロジン

丸背　73

水濡れ　20,41,48-50

三椏　→和紙＊

三つ目綴じ　76

明礬　78

虫　→虫害

虫ピン　→ピン

無水エタノール　→エタノール＊

無線綴じ　6,7,25,64,75-78

　　－本　23,75

夫婦函　→シェルボックス

メチルセルロース　→糊＊

没食子インク　→インク＊

●や行

矢筈　85,86

山出し　73

容器　→保存容器

洋紙　13

洋装本　6,12

ヨコ目　→紙の目＊

汚れ　2,18,41,42,43,44,45,46,58,89

　　－の除去　41,42,43,44,46,48,58,60,79

四つ目綴　6,92-93

予防処置　48

●ら行

落書き　18-19,20,42

リグニン　8,9

リーフキャスティング　64

　　－処置　64

硫酸アルミニウム　8

利用のための資料保存　1,2,4

冷暖房空調システム　→空調設備

劣化原因　2,5,8,41,43,83

　　－とその対策　8

劣化要因（外的要因、内的要因を含む）　3,8,25,28

レッド・ロッド　80

　　－処置　79,80-81

ロジン（松ヤニ）　8

　　－サイジング　8　→サイジングをも見よ

●わ行

ワイピングクロス　→クロス＊

和紙　9,11-12,13,20,21,22,55,61,62,63,82,83,86,87,91

　　＊雁皮　11,64

　　＊楮（楮紙）　11,64,91

　　＊典具帖　11

　　＊鳥の子紙　86

　　＊三椏　11,64

和装本　6,10,12,82-93

　　－の取り扱い　→取り扱い＊

　　－の補修　→補修＊

執筆者等一覧

【編集・執筆】
「防ぐ技術・治す技術－紙資料保存マニュアル－」編集ワーキング・グループ
石井　典子　金沢工業大学ライブラリーセンター東京分室
金山　智子　元東京都立中央図書館
久芳　正和　国立国会図書館
真野　節雄　東京都立中央図書館
村本　聡子　国立国会図書館
吉岡栄美子　国文学研究資料館
脇　　敦子　有限会社紙資料修復工房

【イラスト】
西谷　朋子　国立国会図書館

【執筆協力】
雨谷　逸枝　東京都立日比谷図書館
新井　浩文　埼玉県教育局
竹内　秀樹　国立国会図書館
横内美佐子　中央大学図書館

【協力】
岡田　泰三　㈱コスモスインターナショナル
岡本　幸治　アトリエ・ド・クレ
神谷　修治　㈱TS.スピロン
蛭田　廣一　小平市中央図書館
堀合　儀子　東京都立中央図書館
安江　明夫　国立国会図書館

国立国会図書館収集部資料保存課
東京都立中央図書館資料保全室
有限会社紙資料修復工房

視覚障害者その他活字のままではこの本を利用できない人のために，日本図書館協会及び著者に届け出ることを条件に音声訳（録音図書）及び拡大写本，電子図書（パソコンなどを利用して読む図書）の製作を認めます。ただし，営利を目的とする場合は除きます。

防ぐ技術・治す技術－紙資料保存マニュアル－

定価：本体 2,200 円（税別）

2005年 3月20日　初版第1刷発行Ⓒ
2022年 5月20日　初版第7刷発行

編著　「防ぐ技術・治す技術－紙資料保存マニュアル－」編集ワーキング・グループ
企画　日本図書館協会資料保存委員会
発行　公益社団法人　日本図書館協会
　　　〒104-0033　東京都中央区新川1-11-14
　　　Tel 03-3523-0811　Fax 03-3523-0841
印刷　株式会社　丸井工文社

JLA202205　ISBN978-4-8204-0441-5　Printed in Japan
本文用紙は中性紙を使用しています。